L'Allure de Chanel

シャネル

人生
る

ポール・モラン

シャネル　人生を語る　目次

序　7
1　ひとり　17
2　少女ココ　19
3　コンピエーニュからポーへ　34
4　パリへ　40
5　カンボン通り　49
6　イタリア旅行　76
7　ミシア　84
8　ふたたびパリ　96
9　ディアギレフ　110
10　ド・シュヴィニエ夫人　122
11　ピカソ　131
12　フォラン　136
13　フォブール・サン＝トノレ　141
14　一九二二年　145

15 シンプル・ライフ 149
16 クチュリエ的ポエジー 155
17 富について 164
18 社会事業 170
19 ストラヴィンスキー 172
20 社交人士 177
21 あわれな女たち 184
22 モード、あるいは失われるための創作について 193
23 ある最後の王 209
24 さよならはいわない 225

訳者あとがき 234
解 説――鹿島 茂 243
シャネル略年譜 250
人物名索引 253

シャネル　人生を語る

序

初めてカンボン通りに行ったのは、一九二一年のクリスマス・イヴだったと思う。ミシアが[*1]言っていた、「あなたたち、みなシャネルのところに招待されているのよ」。みなというのは、音楽の「六人組」[*2]、ぼくたち「屋根の上の牡牛」[*3]の仲間、アルフォンス・ドーデ夫人のサロンに出入りする青年たち、パレ・ロワイヤルにあるジャン・ユゴー[*4]のアトリエの常連、そして、ダリウス・ミヨーのところで開くわれらが土曜夕食会の常連だ。その頃シャネルはまだパリを征服する前だった。一九一四年から変わらない試着室はまるで医者の診察室のようだったが、そこにパーティ用の料理が用意されていた。ラングヴェル夫人から買いうけたあの有名な木の葉模様のコロマンデルの屏風《びょうぶ》はまだない時だった。その頃シャネルは恋人のカペル[*5]を亡くしたばかりで、ドーヴィル[*6]の店のなじみの女性客や、カペルの友人のポロの選手が来ていた。シャネルはひどく孤独で、内気だった。全員の視線が彼女に向けられていた。その晩ミシアは以後シャネルの生涯の友人になる連中を全員連れて来ていた。フィリップ・ベルトロー夫妻[*7]、エリック・サティ[*8]、リファール[*9]、オーリック、スゴンザック[*10]、リプシッツ[*11]、ブラック[*12]、リュク＝アルベール・モロー[*13]、ラディゲ[14]、セール[15]、エリス・ジュアンドー[16]、ピカソ[17]、コクトー[18]、そしてサンドラール[19]（ルヴェルディ[20]はまだ登場していなかった）。

こうして彼らが集まっているだけで、一九一四年以前との断絶が際立っていた。過去は葬られ、明日に向かって道がひらけていた。銀行家の名前一つとっても、もはやソロモンといったようなユダヤ系の名前ではなく、ボーイやルイスといった英米系の銀行家の時代が到来していたのだ。サティはスペインのことをフランス語綴りにしてエスパーニャと書くし、香水のネーミングも、「べにばなつめくさ」とか「秋の夢」といった名ではなく、囚人みたいな番号が名前になる時代なのだ。誰もまだシャネルの天才を知らなかった。やがて世界に知れわたってゆく彼女のあのキャラクター、権威的で、激越で、暴君的なあの性格はまだどこにも表れていなかった。ただミシアだけは、逸品を探りあてるあのバイヤーの嗅覚によってシャネルの成功を予見していた。ミシアはシャネルのうわべの下に隠された芯《しん》の強さ、頭の回転の良さ、仕事の確かさ、ある絶対的な気性を見ぬいていた。たくさんの会食者のかげになって遠慮がちなシャネルの様子は、なぜだかわからないが——きっと恋人を亡くした直後だったからだろう——ぼくらの心を惹《ひ》きつけた。シャネルははかなげで、もはや自分の人生の幸福を信じられないひとのように見えた。そんな彼女はぼくたちを夢中にした。その晩、ぼくらを夕食に招いた女が、一九世紀のスタイルを抹殺する皆殺しの天使だったなどと、いったい誰が思ったりしただろう？

「褪せるというのはどういうことかご存知でしょうか」とセヴィニェ夫人[21]が書いている。褪せるということ、それは干し草を刈り取ることだ。と同時に、新鮮さを失わせることでもある。シャネルが登場すると、たちまち戦前が色褪せた。ウォルトもパキャンも色褪せた。シャネルは羊飼いだった。草刈り作業、草干し仕事、馬糞、革の長靴、馬具洗い、下草、そんなことはみなお手のものだった。「われわれの世紀には羊飼いの復讐があるだろう」と、マリヴォーの『成り上がり百姓』が語っている。シャネルとともに始まったもの、それはまさにマリヴォーが語っていた「農民の晴れ着を着て、ひらぺったい靴をはいた」娘たちの進軍だ。娘たちは「危機に瀕した都会」を相手に勝ち誇り、激しい復讐欲に燃えて革命に火をつける。あのジャンヌ・ダルクもまた羊飼いの復讐だった。ふたたびマリヴォーの言葉を借りれば、「われわれの世紀には羊飼いの復讐があるという予言がある。警告しておくが、農民は危険なのだ」。シャネルはこの農民の系譜に属している。彼女は言ったものだ、「わたしは女のからだを自由にしてやった。レースやコルセットや下着や詰め物で着飾って、汗をかいていたからだを自由にしてやったのよ」。シャネルとともに田舎の緑がよみがえる。文学の世界でも、二十年ほど前にコレット[24]のような作家が田舎からパリに出てきた。同じような「女学生ふう」のスモック、同じようなリボン結びのネクタイ、同じような孤児の靴をはいて。この復讐の精神を、シャネルは決して忘れようとはしないだろう。ふさふさとコルセットの紐《ひも》まで届く長いきれいな髪を短く切ってしまったのもこの復讐の精神からだった。その復讐心は、失われた幼年時代の楽園の夢をことごとく抹殺してやまなかった。といっても、失われた楽園の夢などつくり話にすぎなかったのだが。なにしろ伝説の幼年時代はあまりにも重く彼女にのしかかったので、初めはただ憎んでいたが、遂にはそこから逃げ出してしまったのである。

劣等感というものは不可思議なものだ！　シャネルの影の部分がここにある。苦悩し、ひとに意地悪をしたがり、罰したいと思い、誇り高く、厳しく、皮肉屋で、憤怒に燃え、熱いか冷たいかはっきりさせないと絶対に気がすまない。この容赦ない《つれなき美女》は、百万長者のための質素な装いをつくりだし（それでいて晩餐会には金の食器を使わせて）、ひどく金のかかるシンプルさ、ぱっと見てすぐにはわからない贅沢を発明してゆく。ヨットに使われている真鍮、マリン・ブルーにホワイト、イギリス海軍の水兵帽、チェスターの家々のノルマンディー式の黒と白の木組み、ロックブリュンヌの別荘の青一色のラヴェンダー畑、ブレンタでのピクニック。ラ・ポーザ荘の夜食会では給仕もおかず、捕らえた鳥を並べるテーブルの横にコンロを置いて、みなセルフサーヴィスをしていた。これほど自分を甘やかさないスノビズムも例がない。

シャネルはきつい。手も言葉も痛いところをぴしゃりとつく。的を射たアフォリスムの数々が火打石のような心臓から飛び出してきたかと思うと、復讐の女神の口を伝って奔流のように流れ落ちてくる。ひとに何かあげたかと思うとまた取り返してみたり、贈り物をするのに平手打ちを食わせるようなやり方をする。「ヴェネチアの黒人像を六個、そちらへ送ったわ」と電話で言う。「もううんざりしているのよ」。ベルナール・パリッシー[*25]は「百姓はみな子供を自分より偉くしたいと望むものだ」と言ったものだが、シャネルのすべては、百姓たちに苦しめられて育ったこの幼年時代からやってきている。

一九〇〇年の頃には、ムッシュー・ドゥーセ[*26]だろうと、マダム・ランヴァン[*27]だろうと、「御用商人」は客として招待されなかった。シャネルは招待されただけではない。一九二五年以後になると、招待主に頭を下げさせ、大公爵たちのホテル代を支払い、大公夫人をただの主婦に変えてしまった。シャネルのこの復讐は物にまで及び、高価な黒テンの毛皮をレインコートの裏につけて見えなくした。髪は短くカットした。ジャージーのような地味な生地をはやらせて絹を時代遅れにし、華やかな色に代えて飛行部隊の制服のようなくすんだ色をもってきた。ウェストミンスター公爵との結婚を断ったのも、トラファルガーとワルテルローの敗北を取りかえす意表をついた方法ではなかっただろうか。シャネルの怒りに満ちた貧乏主義は貴金属をもてあそび、それをただの石に変えてしまった。ある舞踏会では、貧しい娘たちにサファイアの首飾りを貸したこともある（それでいて、後から盗んだと言って怒っていたが）。

時々、いつも怒りでふくらんだ鼻腔の動きがとまり、少し疲れた様子を見せることがあった。弱々しい顔がのぞく。だがそれは一瞬。あなたがいなくては過ごせないと言ったくせに、翌日にはもうあなたなど我慢できないと言う。シャネル、それは復讐の神《ネメーシス》だった。

転がり落ちる溶岩のような声、枯れ木がはぜるようなあの言葉、相手をとらえたかと思うとたちまちバリバリと嚙み砕くものの言い方、歳とともにますます一方的になってゆくあのしゃべり方、話せば話すほど相手に耳を貸さずにやりこめ、問答無用とばかりに断罪する、あの調子。毎夜私はそれを聞いたものだった、彼女に再会したサンモリッツのあのホテルで。一九四六年の冬のことだった。シャネルは生まれてはじめて仕事にあぶれ、暇をもてあまして退屈していた。自分の意思で避暑地に亡命してきたのだが、カンボン通りにいつ復帰するか、ためらいながら時期をみていた。私と会って、ふたたび過去に心をとらわれ、見出された時にとらわれていた。シャネルはクチュール界のゲルマント公爵夫人[*28]であり、突然もはやそれとわからなくなる歳に達したヴェルデュラン夫人[*29]でもあった。時はド・ゴールの時代。それを口にすると、キラキラした眼に苦い色がにじんだ。その眼の上の眉毛は、玄武岩でできた橋かと思うほど太い筆で描かれていた。シャネルはオーヴェルニュの火山だった。もはや火は消えたのだと信じていたパリはまちがっていたのだ。

三十年前、サンモリッツで、自分の部屋にもどると、シャネルからじかに聞いた話の幾つかをざっと書きとめていた。それっきり、もう忘れていた。覚えているのは、忘れがたいミシアの肖像のことだけ、あとはすっかり忘れていた。たまたま去年の九月、スイスで引っ越しをした折りに、黄ばんだこの紙切れを見つけたのだ。その間、シャネルが亡くなり、ありとあらゆるシャネル本が出そろった。切れ味のいい小説ふうのものもあれば、亡き彼女をしのぶ友愛に満ちた回想録の類いも多かった。

パドラッツ・パレスホテルのレターヘッド入りの便箋に書きつけた、きれぎれになったメモをめくりながら、いつしかわたしは面白くなってつい読みふけっていた。この懐かしさをピエール・ベレスとわかちあいたいと思い、見せたところ、ぜひともタイプ原稿にしてくれと言う。こまったことになったものだ……何ひとつ僕のものじゃない。すべては亡き彼女のものだ。だがその彼女は、墓の彼方でもあの速いギャロップで駆けているにちがいない。それがシャネルのいつもの歩みぶり《アリュール》だったあのギャロップで。ここで「歩みぶり」というのは、言葉のあらゆる意味においてだ。からだのリズム、精神のリズム、たとえば馬の三通りの「歩」、というふうに。あるいはまた、狩猟用語で、鹿が走るとき、通り道の草木や小枝が折れた跡を指して鹿の「通りあと」と言うが、あの意味のアリュールでもある。シャネルはこの道を通りぬけ、あちらの方へと姿を消したのだ。三十年間、それは深い森だった……

P・M・

＊1　ミシア　二〇年代のパリ社交界の女王。シャネルの親友。詳しくは7章注＊1（94頁）参照。

＊2　六人組　第一次大戦後、ドビュシーやラヴェルなど音楽界の重鎮にたいして新風をふきこんだ若手の音楽家たち六人がこう呼ばれた。メンバーは、オネゲル、デュレ、ダリウス・ミヨー、プーランク、オーリック、タイユフェール。エリック・サティやコクトーも彼らの仲間であり、牽引者だった。

＊3　屋根の上の牡牛　二〇年代のパリ、社交界の寵児だった詩人ジャン・コクトーたちが遊蕩と創作の拠点にした芸術バー。シュルレアリストたちのたまり場となり、ポール・モランもよく出入りした。

＊4　ユゴー（ジャン）　1894-1984　シャネルと交友のあった画家。ポール・モランの肖像画も残している。文豪ヴィクトール・ユゴーの曽孫にあたる。

＊5　カペル　イギリスの青年実業家。シャネルの恋人。詳しくは4章注＊1（48頁）参照。
＊6　ドーヴィル　フランスの避暑地。5章注＊1（74頁）参照。
＊7　ベルトロー（フィリップ）　1866-1934　フランスの政治家。一九一五年、ブリアン内閣のもとで外務省高官をつとめる。ポール・モランをはじめ、クローデルやジャン・ジロドゥなど、外務省勤務の文学者たちを庇護し、社交界にもよく出入りした。モランを外務省の秘書に推薦し、ミシア・セールやコクトーたちの仲間に紹介したのも彼である。
＊8　サティ（エリック）　1866-1925　フランスの音楽家。現代音楽の先駆者として、六人組にも影響をあたえた。コクトー戯曲、シャネル衣装担当のバレエ劇「パラード」の作曲を担当。
＊9　リファール　ロシア・バレエの舞踏家。9章注＊20（120頁）参照。
＊10　スゴンザック　1884-1974　フランスの画家。セザンヌに学び、風景画や人物画を描く。
＊11　リプシッツ　1891-1973　シャガール、ザッキンらと並んで一九一〇年代のパリに集まってきた彫刻家。後にアメリカへ移住。
＊12　ブラック　1882-1963　フランスの画家。キュビスムの創始者として旋風を巻き起こすが、後に独特の画風を確立する。
＊13　モロー（リュク＝アルベール）　1882-1948　フランスの画家。
＊14　ラディゲ　1903-23　フランスの小説家。早熟な才能をもって、『肉体の悪魔』『ドルジェル伯の舞踏会』を書くが、二十歳の若さで病死する。ジャン・コクトー最愛の恋人だった。
＊15　セール　スペイン生まれの画家。6章注＊1（82頁）参照。
＊16　ジュアンドー（エリス）　本名エリザベート。エリスの芸名でダンサーをつとめ、コクトーやマックス・ジャコブたちと親しく交わる。後に作家マルセル・ジュアンドーの妻となる。
＊17　ピカソ（パブロ）　1881-1973　スペイン生まれの画家。パリに住み、二〇世紀絵画の旗手となる。シャネルとも親しかった。

＊18　コクトー　二〇年代パリを代表する詩人。5章注＊9（74頁）参照。

＊19　サンドラール（ブレーズ）　1887-1961　スイス生まれの詩人、小説家。一九一二年、『ニューヨークの謝肉祭』でデビューし、前衛芸術の旗手となる。

＊20　ルヴェルディ（ピエール）　1889-1960　フランスの詩人。シャネルを取り巻いた芸術家のなかでももっとも神秘のヴェールに包まれている一人だが、シャネルに生涯の愛を捧げたと言われている。一九一七年、アポリネールの庇護のもとにシュルレアリストたちの寄稿を募った雑誌『ノール＝シュッド』を刊行するが、マックス・ジャコブの導きのもと、カトリックに改宗して生涯をおくる。

＊21　セヴィニェ夫人　1626-96　一七世紀フランスの閨秀作家。文芸サロンに多くの賛美者を集める。書簡集は名文として名高い。

＊22　ウォルト（シャルル・フレデリック）　1825-95　オートクチュールの始祖。イギリス生まれ。パリにわたり、一八五八年にメゾンを構え、ナポレオンⅢ世の后妃ウジェニーの御用商人となって、貴族の夫人たちや高級娼婦を顧客にして成功をおさめる。

＊23　パキャン　ウォルトとほぼ同時代に活躍した女性デザイナー。一九〇〇年パリ万博で服飾部門の責任者をつとめた。

＊24　コレット（シドニー・ガブリエル）　1873-1954　ブルゴーニュの田舎に育ち、二十歳で年上の通俗作家ウィリーと結婚してパリに出る。ジャーナリスティックな才覚のある通俗作家ウィリーの示唆で書いた青春小説『学校のクロディーヌ』が大ヒットし、以後、二〇世紀を代表する女性作家の一人になる。独自な舞踏で舞台にも立ち、晩年には美容院も開いて多面的な活躍をした。

＊25　パリッシー（ベルナール）　一六世紀フランスの陶工。長年の彩陶研究が認められて王室御用陶工となる。陶芸にかんする著作も多い。

＊26　ドゥーセ　1853-1929　パキャンらとならんでベルエポックのパリのオートクチュールを担ったデザイナー。

＊27　ランヴァン（ジャンヌ）　1867-1946　ベルエポックのフランスで活躍したクチュリエ。女性客の人気を集めて母娘おそろいのドレスをデザインしたので名高い。現在もランバンとしてブランド名が残っている。

＊28　ゲルマント公爵夫人　プルースト『失われた時を求めて』のヒロインの一人。名門貴族勢力を代表する女性で、閉鎖的なサロンの女王。

＊29　ヴェルデュラン夫人　同じく『失われた時を求めて』のヒロイン。貴族勢力に対抗する新興ブルジョワ勢力のサロンの女王。最後には没落する貴族勢力を尻目にパリ社交界に君臨する。詳しくは、7章注＊9（95頁）も参照のこと。

1　ひとり

今夜こうしてお話しするのは、故郷のピュイ・ド・ドームではなくて、アルプスを前にしたサンモリッツ。誇り高く、心を閉ざした少女が、ある日突然、何の期待も夢もなくあずけられたあの暗い家——そんな過去のことから、わたしの人生を語ろうと思っているのだけれど、そんな家とはうってかわって、ここサンモリッツのホテルにはシャンデリアが光り輝き、金持ちが楽しみ事とご馳走に明け暮れている。だけどわたしにとっては、このスイスも幼い頃のオーヴェルニュも同じことよ、わたしが見出すのはただただ孤独だけ。

六歳で早くもわたしはひとりぼっちだった。母は死んだばかり。父は、まるで厄介な荷物みたいにわたしを叔母たちのところへあずけると、さっさとアメリカに渡り、それっきり帰ってこなかった。

孤児……それ以来、この言葉を耳にすると、いつも恐怖で胸がしめつけられる思いがする。今でも、女の子たちのいる孤児院を通りかかって、「あの娘たち、孤児なのよ」という言葉を聞いたりすると、思わず涙がこみあげてくる。あれから半世紀たった。だけど、この世の中でいちばんの贅沢と楽しみにあふれたこのホテルにいても、わたしはひとり、なおもひとりぼっち。

これほどひとりぼっちだったこともない。

話をはじめたら、いきなり「ひとり」という語が口をついてしまって。だけど、「ひとり……」なんて、思わせぶりに書いたりしたくはないわ。メランコリックな色がつくでしょう、そんなの、わたしらしくもない。「ひとり！」なんて感嘆符をつけるのも嫌ね。下手に世間を挑発しているみたいだもの。わたしはただ淡々と、わたしがひとりで育ち、生き、今もひとりで年老いていているという事実を見つめているだけよ。

孤独はわたしを鍛えた。わたしはきつい性格よ。精神も鍛えられたわ。わたしは誇り高い。からだも鍛えられて、とても丈夫よ。

わたしの人生、それは、ひとりで生きる女の悲惨と栄光の物語——そして、時にドラマ。わたしは自分自身と闘い、男たちを相手にして闘わざるをえなかった。あらゆるところに待ちうけている誘惑や困難や危険にたいして、ひとりで立ち向かう、必死の闘い。その栄光と悲惨の物語。

ひとり、今日もまた太陽と雪のなかでひとり……。夫だとか、子供や孫だといったような心なぐさめられる夢もない。そんな夢の一つでもありさえすれば、世間はみな同じ、似たような人間どうしだと思えるのでしょうけど。そんな甘い幻想もないまま、わたしはひとり働き、生きてゆく。

2　少女ココ

どんな子どもも、隠れて遊んだり夢見たりする場所を持っているものよ。私の場所はオーヴェルニュの墓場だった。誰も知っている人はなく、墓に入っているのも知らない人だった。誰かのために泣いたというわけでもないし、墓参りにやって来るひともなかった。ぼうぼうと草の茂った地面に墓石が捨てられた、田舎の古びた小さな墓地。わたしはその秘密の庭の女王様だった。地下に眠っている人たちが、好きだった。「その人たちのことを思っていれば、死人だって生きている」、自分にそう言いきかせていた。特に気に入っていたのが、名も無い二つの墓。御影石と玄武岩でできたその墓がわたしの遊び場であり、部屋であり、隠れ家だった。花を持っていって飾っていた。盛りあがった土の上に矢車草でハートを描き、コクリコでステンドグラスを、マーガレットで銘を刻んだ。キノコ狩りの季節になると、ボロで作ったお人形を連れてお墓参りをしたわ。自分で作った人形だから、どんな人形より気に入っていた。物言わぬ地下の友達に、うれしいことも悲しいことも打ちあけて、最後はそっとおやすみを言って帰っていった。

愛されたいと切に願ったわたしなのに、愛情のかけらもない人たちと暮らしていた。わたしは一人話をするのが好きで、他人の話に耳を貸さないけれど、こんな性格になったのはきっと、最初にこころを打ち明けたのが死んだ人だったからだと思う。

その頃のこと、日暮れになって、父とわたしは叔母たちの家に着いた。母は死んだばかりで、喪中だった。二人の姉は修道院に入れられた。いちばんかしこい子どもだったわたしは、ブルターニュのしきたりに従って、母の従姉妹である叔母たちのところへあずけられたのだ。父とわたしが家に着いても、歓迎されるわけでもなかった。ランプの芯を切って明かりをかざし、わたしの顔をじろじろと見た。叔母たちは夕食をすませていたが、父とわたしはまだ食べていなかった。一日中旅をしていてご飯も食べていないのかと、あきれられた。わたしたちに夕食をだしたりするのは叔母たちの生活と家計を乱すことだったのだ。それでも最後はけちな田舎の習慣をやぶって、しぶしぶと言った。「じゃあ半熟卵を二つ用意してあげるよ」。幼いココは叔母たちのしぶる気持ちをみてとって、傷ついた。おなかがすいて死にそうだったのに、卵をだされると、頭をふって嫌だと言い、食べたくないと言って拒んだ。大声で、卵は好きじゃない、大嫌いだ、と叫んだ。本当は大好きだったのに。けれども、その哀しい夜、わたしは何かにノンを言いたかったのだ。自分にさしだされるもの、叔母たち、自分のまわりのもの、新しい生活、それらにたいして激しくノンを言いたかった。それからモン＝ドールで過ごすことになった十年間というもの、少女ココはこうしてついた嘘をつきとおし、断固とした拒否のなかに閉じこもった。おかげでしっかりと伝説ができあがってしまったわ。「ココは卵が好きじゃないのよ」と——この最初の伝説を始めに、後からほかの伝説が山のようにできるのだけど！　それからというもの、そんな伝説を忘れてくれないかしらと思いながら、焼きあがったオムレツを一口食べようとするたびに、叔母たちのとげとげしい声がした、「わかっているでしょ、それ、卵なんだからね」。こうして神話は英雄を殺してしまうのよ。

わたしはすべてにノンを言った。愛されたいという激しすぎるほどの生命の欲求にかられて言ったノンだった。叔母たちの家ではすべてが気にさわり、傷つくことばかりだったから。いやはや、最悪の叔母たち！　ご立派な叔母たちだったわよ！　あの人たちときたら、街に出るのも都心に出るのも冬場の悪天候に追いたてられた時だけで、そんな時でも自分たちを養ってくれる土地のことを片時も忘れない、あの農村の地主だった。そんな叔母たちからすれば愛なんてものは贅沢で、子ども時代など罪でしかない。まったく最悪の人たちね。暖炉の煙突には塩漬けや燻製の肉の匂いがこもっていて、食事は塩バターかジャムでそそくさとすませる。簞笥《たんす》の中にはイソワール製の立派な布地をしまいこんでいた。このイソワール製の布地というのはオーヴェルニュの行商人が世界中に売り歩く土地の名産で、ご立派な叔母たちはこんな生活を御生大事にして暮らしていた。布類があまりに沢山あるので、洗うのは年に二度だけ。オーヴェルニュ人があまり清潔でないのは有名で、よく知っているけれど、今はなくなった昔の花嫁道具の布類にくらべても、とにかくものすごい布の山だった。奉公人は丸襞の帽子をかぶっていたが、これはガリア時代の昔からの風習で、十五歳になると髪を切って売ることになっていた。ローマの婦人たちは、オーヴェルニュの女たちの髪の毛で髪を結っていたわけだ。わたしは学校に行かせられて、教理問答を習ったが、ほとんど何も学ばなかった。わたしの知識は、学校の先生から習ったこととは何の関係もない。わたしが信じている神は、司祭さまの神様とは別の神様なのでしょうね。叔母は学校で習ったことのおさらいをさせた。叔母も教理問答を忘れているので、わたしの教科書をのぞいて質問していたが、わたしはものの見事に答えてみせた。屋根裏部屋に別の教理問答の本があるのを見つけたので、その頁を一頁ずつ破っていって、質問される箇所を手のひらのなかに隠しておいたのだ。

屋根裏部屋……この屋根裏には何とたくさんの宝ものが詰まっていたことだろう！　それはわたしの書庫だった。わたしは片っ端から読みふけった。小説風の読みものを見つけだしては、心の奥底でそんな小説みたいな人生にあこがれた。叔母のところでは本など一切買ったりしない。日刊紙の連載小説を切り取って、黄色くなったこの長い「段々」を全部綴じあわせてできたもの、それが読みものなのだった。少女ココがこっそり貪《むさぼ》り読んだのも、このおなじみの屋根裏部屋のなかだった。読み終えたところは全部書き写して、宿題の中にはさみこんでいた。「いったいどこでこんなものを見つけたの？」先生はそうたずねたわ。こうして読んだ小説はわたしに人生を教えた。わたしの感性を養い、誇りを教えてくれた。わたしはずっと誇り高い少女だった。

わたしは頭を下げるのが嫌い。ひとにペコペコしたり、卑屈になったり、自分の考えを曲げたり、ひとの言うことに従ったり、自分の思いどおりにしないのは嫌いだった。小さい時から今にいたるまで、わたしのやることなすことすべて、わたしのしぐさ、きつい声、鋭い目つき、皺の入った筋張った顔、有無を言わせない性格のすみずみにいたるまで、傲慢さが表れているわ。わたしは、消えることのないあのオーヴェルニュの噴火口なのよ。

わたしはずっと髪を黒くしている。まるで馬のたてがみ。眉毛も煙突掃除夫みたいに真っ黒で、肌の色もオーヴェルニュ山の玄武岩みたいに黒い。わたしの性格も黒よ。いちども他国に降伏したことのないオーヴェルニュの心と同じ黒。わたしは反逆的な子どもで、反逆的な恋人、反逆的なクチュリエだった。正真正銘の悪魔ね。叔母たちも悪いひとではなかったのだけど、悪いひとだと信じこんでいた。だから悪い人になってしまったのだ。実際の話、モン＝ドールというところも恐ろしいところではなかったのに、あの当時のわたしにとっては恐ろしいところになってしまった。そして、わたしを鍛えたのは、あのときになめた試練なのよ。つらい生い育ちのおかげで、強い性格ができあがった。そうよ、傲慢さこそわたしの性格の鍵。いつもひとから離れて独立独歩、ひとに合わせようとしない、この性格の鍵なのよ。同時にそれは、わたしの力と成功の秘密でもある。傲慢さ、それこそ、どんな状況からも抜け出せるあのアリアドネの糸なのだから。

こんなことを言うのも、わたしも自分を見失うことがあるからよ。たとえばわたしは自分の伝説の迷路のなかで迷ってしまう。人間、誰しも伝説があるわ、馬鹿げた伝説もあれば夢のような伝説もある。わたしの伝説ときたら、パリの人から田舎の人から、馬鹿者も芸術家も詩人も社交人士も、みんなで寄ってたかってこしらえあげたもの。諸説あって、入りくんでいて、簡単かと思ったら複雑で、何が何だかわからない。迷ってしまう。その伝説ときたら、事実を曲げているだけでなく、ありもしないことをつけくわえているし。ほんとうの自分に返りたいと思うときは、あの傲慢さを思えばそれで十分。それこそわたしの悪徳でもあれば美徳でもある。

とにかく、わたしの伝説には壊せない二本の柱がある。一つは、わたしの出。いったいどこからやって来たのか。ミュージック・ホールで働いていたとか、オペラの踊り子だったとか、あるいはラブホテルで働いたとか。残念ね、もしそうだったら面白かったでしょうに。もう一本の柱は、このわたしのことを、手に触れるものすべてを金に変えたあのギリシア神話のミダス王だというものだ。

わたしには商才があると言われるけど、そんな才能なんて持っていない。わたしはキュリー夫人じゃないし、あの凄腕実業家のアノー夫人[*1]でもない。商売だとか、貸借対照表だなんて、死ぬほどうんざりよ。計算なんて、指で数えているわ。

わたしは運が良かったのだと言われるのも、イライラさせられる。わたしほどの働き者もないわ。そもそも伝説をつくった連中は怠け者ね、そうでなければ、作り話をでっちあげたりせずに、ちゃんと自分の目で事実を見たでしょうに。働きもせず、アラジンのランプを磨いて魔法の杖をふり、願い事を口にするだけで、わたしが成し遂げたことと同じようなことができると思うだなんて。そんなのは（純粋というか、不純というか……）ただの空想にすぎない。でもまあ、ここでわたしがこう言ったところで、何も変わりはしないでしょうけどね。

伝説というものは、真実よりずっとすごい話でできている。現実は貧しいから、空想というつくり話の方が人は好きなのよ。せいぜいわたしの伝説も永らえて欲しいわ。末永い幸せを！　こうしてわたしはこれからも何度もこういう人たちに会うでしょうよ。「マドモアゼル・シャネルはね……あの人たちが良く知っているんですがね」と。自分たちが話しかけているのがまさに当の本人だとはつゆ知らないで。

「なつかしい幼年時代」なんて、よく言われる言葉だけど、わたしは聞くだけでぞっとする。誰の幼年時代だって、それほど甘くはないものよ。幼いときから、人生は厳しいものだということがわたしにはわかっていた。母はすでに病気が重く、二人の姉とわたしを連れて年とった叔父のところへ行った（五歳の時だった）。「イソワールの叔父さん」と呼んでいたひとよ。三人は赤い壁紙を貼った部屋に閉じこめられた。初めはおとなしくしていたけど、そのうちに、赤い壁紙が湿気を吸って壁から剝がれているのに気がついた。ちょっと剝がしてみると、面白かった。もっと強く引き剝がすと、壁紙は大きく剝がれて落ちてきた。わくわくした。椅子によじ登ると、苦もなく壁紙が剝がれてくる……わたしたちは椅子を積み重ねた。ローズ色の壁の地肌が見えてきた。なんて素敵なの！　机の上に椅子を載せると、天井まで剝がしだした。これ以上ない面白さ！　とうとう母が部屋に入ってきて、立ったまま、はげ落ちた部屋を見つめた。文句一つ言わなかった。絶望のあまり、ただ黙って大粒の涙をながした。どんな小言よりもそれがこたえた。わたしは大声で叫びながら逃げ出した。それから二度とイソワールの叔父さんには会わなかった。

そうよ、人生って大変よ。たくさん母親が泣く目にあうわ。また別のとき、こんなことがあった。わたしたち姉妹が、ふだんは使っていない部屋に寝かせられたの。その部屋にはブドウの房が紐にくくられて、天井から吊り下がっていた。こうしてブドウは冬のあいだ、紙の袋に入れられて保存されるわけ。わたしは枕を取って放り投げ、ブドウを一房、床に落とした。もう一房、一房と、ブドウが散らばってゆく。長枕を取って、めちゃめちゃにぶつけると、ブドウは全部床に散ってしまった。初めてわたしはお尻をぶたれた。あの屈辱は決して忘れない。

――この子たち、まるで旅芸人みたいだよ。

一人の叔母が言うと、

――ココは先が思いやられるね。

もう一人の叔母が答えた。

――サーカスに売らなくちゃ……

――とんだガキだよ……（こうして家で罰をくらって、わたしはますます手の負えない、強情な子になった）。

甘やかされた幼年時代がいかに人間を駄目にするか、あとになってわかったから、生まれ育ちがひどく不幸だったのをうらんでなんかいない。良い教育にあらがうのは、よほど立派な人間でなければできないことだ。あんな幼年時代でなければ良かったのにと思ったことなど一度もない。

わたしは意地が悪くて、怒りっぽくて、盗みもしたし、嘘つきで、戸口で立ち聞きもした。盗んだものを食べるのは、何よりおいしかった。叔母たちに隠れてバタつきパンを大きく切ると、あまりにも大きいので、「二つに折ったら」と料理女が言うほどだった。そのパンを部屋にもちこんで、自由に食べる。誇り高い人間には唯一つ、何にもまさる善がある。そう、自由！　だけど、自由になるためにはお金がいる。お金は牢屋の扉を開けてくれる鍵だ。わたしはそのことばかり考えた。服のカタログを見ては、湯水のようにお金を使う夢を見た。純白のドレスを着た自分の姿を想像してはうっとりとした。真っ白な部屋に、白いカーテン。そんな夢の白い部屋と、叔母たちの黒い家は、どれほどかけ離れていたことだろう。アメリカに発つ少し前、父はわたしの初の聖体拝領のためのドレスを持ってきてくれた。白のモスリンでできたドレスに、薔薇の冠飾りがついていた。わたしの傲慢さに罰をくれてやろうと、叔母たちが言った、「薔薇の冠なんてかぶらせないよ、ふつうの帽子をかぶりなさい」。何という拷問だったことだろう。それからも、いろんな拷問が続いたわ。サクランボを二つ盗みましたと司祭様に告白したときの恥ずかしさ！　それにしても、薔薇の冠飾りを剝ぎ取られたのはつらかった！　何より大切なわたしの旗印だったのに！

わたしは父の首にすがりついた。「わたしをここから出して連れていって！」「さあさあ、ココ、今にうまくゆくさ、もどってきて、おまえを迎えに来るからね……また家を持つさ……」。それが父の最後の言葉だった。父は二度ともどって来なかった。父の家に住んだことなど一度もない。ときどき手紙をくれて、安心しなさい、事業はうまくいっていると書いてよこした。だけど、それっきり。それ以来、父のうわさも聞いたことがない。

その頃だった、死ぬことをよく考えた。大騒ぎを起こしたらさぞかし叔母たちは傷つくだろう。意地悪な仕打ちの数々を暴くことができるのだ。そう思うと、胸がわくわくした。屋根裏部屋に火をつけることを夢見た。そのころ叔母たちは口を開いてはこう言うのだった。お前は父の血筋をひいていて、どこの馬の骨とも知れない生まれなんだよ。「おまえのおばあさんが羊飼いだったと知っていたら、おまえもそんなに傲慢じゃなかっただろうにね」。叔母たちは思いちがいをしていたのだ。わたしは、リボンをつけた羊たちが草を食《は》むのを追ってゆく祖先がいたと知って、大喜びしたのだから。（だがそれも最近までで、大戦のときの占領の間に、大叔父の娘にあたる叔母のアドリエンヌ・ド・ネクソンが先祖を調べなければならないことになって、事実をつきとめた。残念ながら、羊飼いの先祖よりも、恥ずべき父の先祖の方がよほどましな家系だったことが判明した）。

知らない人たちの前ではお利口にしていた。田舎の人たちは言っていたわ、「あのココって娘には教育がある」って。良くしつけられた犬みたいに、行儀良くしていたのだ。いたずらは自分の胸にしまっておいた。ただ一度だけ、居間まで階段の手すりを滑り降りて、お客のいる真中に着いたことがあったけど。ひとから五フランもらったとき、プレゼントをして使い果たしてしまった。「きっとおまえは藁《わら》の上で死ぬよ」。叔母たちはそうくりかえした。

もうひとりの叔母のアドリエンヌは、父方の妹で、ほかの叔母よりずっと若く、髪が長くて素敵なひとだった。ときどき家に来ていた。

——お茶にしましょうよ。

わたしが言うと、

——お茶だって？　お茶を飲むだなんて、いったいどこで見てきたのよ？

ほかの叔母たちが聞く。

——モード雑誌にあったのよ。パリでは、お茶を飲むの。そういうことになっているの。儀式なのよ。ポットが冷めないようにコージーをかぶせておくの。コージーって呼ぶのよ。友達を招待して、イギリス刺繡をしたナプキンを用意して客を待つの。

——ココ、馬鹿なこと言うんじゃないよ！

——わたしはお茶が飲みたいのよ。

——お茶なんか無いよ。

——薬局に行けばあるわ。

自分でお茶をいれると、叔母のアドリエンヌが言った。

——貴婦人ごっこをしましょうよ。どちらが勝つか？
——そんなのヤだ。
——貴婦人は「そんなのヤだ」なんて言わないわ。
——貴婦人って、何が貴婦人なの？
——「貴族階級」のことよ。
——誰がそんなところへ連れていってくれるの？

わたしたちはお茶を飲み終えた。アドリエンヌに聞いてみた。
——貴婦人のほかに、どんなひとがお茶を飲みにゆくの？
——伊達男よ、何もしてない男たち、働いている男たちよりずっとハンサムよ。
——何もしていないの？
——そうねえ……いろんな事をやってるわ。
——アドリエンヌ、その娘の相手をするの、やめなさい。馬鹿になってしまうよ。

叔母たちは牧場を所有していた。多少の財産があったのだ。短い草の生える牧場で、乳牛にはまったくむいてなかったが、馬にはおあつらえむきだったので、馬を飼育していた。馬を放し飼いにしておく、ごく原始的な飼育法で、良く育った馬を軍隊に売っていた（あの頃、軍隊のことを歩兵隊と言っていた）。仔馬みたいにきかん坊のわたしは、農家の子どもたちといっしょになって農場を駆けまわったものだ。尻尾の生えた家の売り物にまたがって（十六歳だったけど、鞍なんて一度も見たこともなかった）、たてがみか尻尾をつかみ、我が家でいちばん良い馬に乗った（もしかして、ほかの家の馬だったかもしれないけれど）。家にあるニンジンを全部盗みだして、馬たちにやったわ。我が家の馬を見にルモントからやって来る、ハンサムで風采の良い将校さんたちは本当に素敵だった！　空色に黒の飾り紐がついた騎兵隊制服《ドルマン》を粋に着こなして、肩にコートをかけていた。毎年、さっそうと軍の馬車でやって来ては、馬の口を開けて年齢を判断し、球節を撫でて熱がないかどうか調べ、脇腹をたたいてみる。その日はお祭り騒ぎだった。だけどわたしにとっては一抹の不安もまじったお祭りだった。お気に入りの馬を持ってゆかれたらどうしようかと心配だったのだ。だけど将校たちは、よくわかっていて、そんな馬を選んだりしなかった。まだ馬蹄をつけずに牧場にいるあいだ、硬い土の上でさんざんわたしが乗り回したので、ちゃんと脚にそれが出ていたのである。馬を調べ終え、台所の暖炉でからだを温めに家に入ってきた将校の姿が今も目に浮かぶ。「おたくの馬は牛みたいな蹄《ひづめ》をしてますね、爪掌はつぶれているし、馬蹄は腐ってますよ！」。家でいちばんと思っていた馬のことをそんなふうに言われた。こまったわたしは目もあげられなかったが、ちゃんとわかっている将校は、叔母が向こうをむいたとたん、そっと小声でささやいた。「蹄もつけずに走ったんだろう、え？　悪い子だね！」

といって、馬が好きだったということじゃないのよ。わたしはいわゆる「馬好き」だったことは一度もない。馬好きの連中は、いつも馬のことばかり考えて、馬に馬櫛をかけるのが何よりの楽しみなのよね。暇さえあれば厩舎《きゅうしゃ》で過ごすあのイギリス女性ともちがっていたわ。

それでも、馬がわたしの人生を決めたというのは嘘じゃない。

というのはこういうわけよ。

ある夏のこと、叔母たちが、ヴィシー[*2]で湯治していた祖父のところへわたしをやろうと思いたった。モン＝ドールから逃れられるのだと思うと、幸せでいっぱいだった。あの暗い家から出て、穴倉のような部屋にこもってやる針仕事から逃れられるなんて。

嫁入り支度のためといってナプキンにイニシャルを刺繍したり、そらぞらしい新婚の夜のために寝間着に十字架の刺繍をしたりするのは胸がむかついた。怒りのあまり、枕に唾を吐いたほどだった。その頃わたしは十六歳。きれいな娘になっていた。地面までとどきそうに長いふさふさとした髪に、ふっくらとした顔をしていた。ヴィシー！　モン＝ドールの後にヴィシーだなんて、何と素敵なのだろう！　もう叔母の監視をうけずにすむのだもの。祖父たちの監視をうける方がどれほどましだったことか！　一日中、ひとりで外を出歩いた。うきうきと、夢見心地で栗林を進んでゆく。林を抜けて広がるヴィシーは、おとぎ話の国だった。実のところ、そんな夢の国ではなかったのだが、初めて見る眼には素晴らしいところだった。ティエールではよろい戸の陰からしか見ることを許されなかったあの「温泉客たち」を、わたしはとうとうこの目で見た。イギリスふうの服を着たレディたち、あの「おしゃれ女《エキセントリック》」をじろじろ見てはいけないと言われていたのに、ヴィシーでは飽きるほど見た。わたしは流行の先端をゆく街の真中にいたのだ。コスモポリットな社交界、それはいながらの旅だった。ヴィシーはわたしの人生の初めての旅だった。そこでわたしは人生を学んだのだ。今の時代、若い娘は何でも知っているけれど、わたしたちは何も知らなかった。何も、何も、何一つ。わたしはそれを悔やんでいない。

＊1　アノー夫人　当時話題になった女性実業家。辣腕で鳴らした。
＊2　ヴィシー　オーヴェルニュ地方の温泉保養地。ナポレオンⅢ世が自らのリューマチの湯治のために開発し、ベルエポックまで一流の保養地として栄えた。現在はミネラル・ウォーターの産地の一つとしても有名。

3　コンピエーニュからポーへ

ヴィシーでは、老婦人が行き交う姿を眺めていた。老人しかいない街だった（一九一〇年の頃は若者は酒を飲まなかったし、肝臓の治療をしたりしなかった）。それでもわたしは失望しなかった。鉱水を飲むためのグラスにいたるまで、すべてが心をひいた。いたるところで「外国語」がかわされていた。外国の言葉は、まるで秘密の社交界の合言葉みたいにわたしを夢中にした。おしゃれ女《エキセントリック》たちが通ってゆく姿を見て、わたしはつぶやいた。「この世にはあんな人たちがいるんだわ。今はまだなれないけど、わたしもいつかきっとあんな人になってみたい」。実際、わたしは「おしゃれ女」になろうとしていた。それも、思っていたよりずっと早く。友達に連れられて行ったお茶の席で、M・B[*1]という青年と知りあったのだ。彼は競馬用の厩舎を持っていた。

——競馬用の馬を持っているなんて、なんて素敵なんでしょう！

わたしは無邪気にうらやんだ。

——調教をごらんになりますか？

——夢みたい！

翌日会うことになった。アリエール川を過ぎると、橋の向こうが牧場だった。降りると、もう厩舎に着いた。流れる水の快い匂いがして、ダムの音が聞こえた。川に沿って、新しく開かれた道が続く。砂地に白い柵があり、その向こうにブルボネーの山々が見はるかせた。ガナ丘陵を太陽が金色に染めていた。

　騎手と調教助手が並足で馬をならしていた。


——なんて素敵な暮らしなの。

わたしは溜息をついた。

——ぼくは一年中こういう暮らしですよ。コンピエーニュ[*2]に住んでいますから。あなただって、こういう暮らしができないわけじゃないでしょう？

わたしはウイを言った。どんなことがあっても、二度とモン＝ドールにもどりたくなかった。二度と叔母たちに会いたくなかった。

　こういうのがわたしの幼年時代よ。家もなく、愛もなく、父も母もない、もらわれ子。孤児の幼年時代。みじめだった。だけど何一つうらんでいない。意地悪な叔母たちにたいして、わたしは恩知らずな子だった。だけどすべては叔母たちのおかげなのよ。反抗的な子どもは武装していて、とんでもなく強いものだから（十一歳で、わたしは今よりずっと強かった）。

むやみにキスや愛撫をあびせたり、やれ先生だビタミンだとあたえてやるのは、結局子どもを駄目にして、不幸にするか、ひ弱にするだけ。意地悪な叔母の方が結局は強者をつくりあげてくれるのよ……。叔母たちのやり方は子どもに劣等感をうえつけるけれど、私の場合は反対だった。優越感が育った。悪意の下には力がひそんでいるし、傲慢さのかげには成功への意思と偉大なものを求める情熱がひそんでいる。教師をもっている子どもは彼らから学ぶものだ。ところが、わたしは独学でものを覚えた。ささやかな幸福からはたいして学ぶものもなかったけど、逆にストラヴィンスキー[*3]とかピカソだとか、はるかに素晴らしい時代の天才たちと知りあうようになってからは、自分を駄目だとも感じなかったし、こまったりしたこともない。なぜだと思う？

習っても覚えられないものをひとりでに身につけたからよ。このことはまた話題にするつもりだけど、さしあたって、次のような大事な格言を引いておくことにするわ。それこそわたしの成功の秘密。そしてこれはきっと、テクニックばかりが発達する現代文明で成功するための秘密でもある。すなわち、《成功するのは、学べないものによってである》。

わたしは逃げ出したのだった。祖父はわたしが叔母の家に帰ったものと思いこみ、叔母たちはわたしが祖父のところにいるのだと思いこんでいた。そして、ある日、ようやくわかったのだ、わたしが祖父のところにも叔母のところにもいないことが。

わたしはM・Bの後を追って、コンピエーニュに住むことになった。ひどく退屈して、泣いてばかりいた。つらかった幼年時代の話を全部彼に聞いてもらった。そんな話はすっかり忘れてしまいたかった。わたしは一年間泣いた。楽しかったのは、森で乗馬をしたときだけ。馬の乗り方を覚えたわ。それまでは乗馬のイロハも知らなかった。わたしはちゃんとした騎手ではなかったし、ましてやアマゾンヌ[*4]でもなかった。おとぎ話はもうおしまい。わたしはただの捨て子にすぎず、手紙を書く相手もいない。M・Bは憲兵を恐れていた。彼の友達が言っていた。「ココは若すぎるよ、家に帰したら」。もしもわたしが出て行けばM・Bはほっとしたにちがいないが、わたしにはもう家がなかった。その頃、彼は美人で評判のエミリエンヌ・ダランソン[*5]と別れたばかりで、家には彼女の写真がいっぱい貼ってあった。「なんてきれいなひとなの！」わたしは無邪気に言った。「知りあいになれるかしら？」彼は肩をすくめ、できっこないと言う。わたしにはわけがわからなかった。M・Bは憲兵とわたしが恐ろしく、わたしは出てきた家が恐ろしかった。M・Bには嘘をついて自分の歳を隠し、二十歳だと言っていた。ほんとうは十六歳だったのに。わたしはコンピエーニュの競馬に出かけた。麦わら帽を目深にかぶり、田舎ふうの小さなジャケットを着て、注意深くオペラグラスで周囲を観察していた。誰も注目していないと思って安心した。わたしは田舎というものを知らなかったのだ。実際は、大きな三つ編みにリボンをして、変な格好をした何ともしれない野蛮な娘は町中の不審の種になっていたのだ。

M・Bはわたしをポーに連れて行ってくれた。バス＝ピレネー地方のおだやかな冬。松林の方に流れてゆくポー川の急流の音。一年中青々と茂る草。障害競走の高いバンケットが芝に映え、雨のなか、赤い服を着た人たちが並んでいた。ヨーロッパでいちばん有名な狐狩りの行列の光景……。

遠くに、六つの塔のある古城が見え、雪をいただいたピレネー山脈が青空にくっきりとそびえている。乗用馬や狩猟馬や雑種の馬、軽騎兵の馬たちが朝からロワイヤル広場を行き交っていた。石畳に響く蹄の音が今も耳に聞こえてくる。

ポーで、わたしは一人のイギリス人と出会った。野遊びの遠出で知りあったのだ。彼もわたしたちと同じように乗馬を楽しんで過ごしていた。いちばん先に落馬した者が、ほかの者にピレネーワイン「ジュランソン」をおごる約束をした。そのイギリス人は、若く、うっとりするような青年で、水際立っていた。美貌で、濃い栗色の髪をして、見る者をひきつけずにはいない。ハンサムというより、見事な男ぶりだった。平然とした物腰と緑の眼がわたしを魅了した。彼は楽々と駿馬《しゅんめ》を乗りこなした。わたしは彼に恋をした。M・Bを愛したことは一度もない。けれどイギリス青年とわたしは、一言も言葉をかわさなかった。ある日、わたしは彼がポーを発つと知った。

——お発ちになるの？

——ええ、残念ながら。

――何時に？

翌日、わたしは駅にいた。わたしは汽車に乗った。

＊1　**M・B**　シャネルがここでM・Bとしている男性は、エチエンヌ・バルサンだと思われる。フランスの中産階級の出で、実業家の両親を持ち、競馬と女遊びに明け暮れていた。シャネルはヴィシーで軍隊にいたバルサンと出会い、二十代の一時期、ロワイヤリュにある彼の館に住んでいた。

＊2　**コンピエーニュ**　北フランス、オワーズ県にある街。すぐ近くの都市ロワイヤリュはサラブレッドの産地として名高い。

＊3　**ストラヴィンスキー**　二〇世紀を代表するロシアの音楽家。詳しくは19章注＊1（176頁）参照。

＊4　**アマゾンヌ**　二〇世紀初頭、パリに移住してきた富豪のアメリカ女性たちを中心に、一大レズビアン文化が栄えた。乗馬を特に好んだ彼女たちは、ギリシア神話にある女たちの国の名にちなんでアマゾンヌと呼ばれた。

＊5　**エミリエンヌ・ダランソン**　女優。ベルエポックに浮名を流した名高い高級娼婦のひとり。

4　パリへ

美貌のイギリス青年はボーイ・カペル[*1]といった。彼もわたしを扱いあぐねていたが、わたしをパリに連れて行くと、ホテルに泊めた。

このなりゆきをみて、M・Bは途方にくれたが、家族の意向でアルゼンチンに旅立った。

M・Bもカペルもわたしをあわれんでくれた。わたしのことを捨てられた小雀だと思ったのだ。本当は、小雀どころか、野獣だったのだけれど。わたしは少しずつ人生を学んでいった。つまり、人生にたいして自分をまもるすべを身につけていった。わたしはとてもかしこかった。そう、今よりずっとかしこかった。姿かたちも、内面も、誰にも似ていなかった。孤独が好きで、理屈ぬきに美しいものを愛し、こぎれいなものが嫌いだった。いつも本当のことを言った。まだ若いのに、的確な判断力をもっていた。まちがっているもの、俗悪なもの、良くないものを正しく見抜いた。それにしてもパリはひどく恐かった。わたしは外に出なかった。世の中を、何一つ知らないでいた。社交のあやだの、名家のうわさだの、スキャンダルだの内緒話だの、パリ中が知っているくせに、どこにも書いていないことなど、知る由もない。誇り高いたちだから、ひとに聞こうともせず、知らないままに過ごしていた。

ボーイ・カペルは、実に教養の広い、非凡な性格の持ち主で、やがてわたしのことを良くわかってくれた。

――一見、弱そうな感じだけど、弱くないんだな。

ボーイはわたしに友達ができるのをよろこばなかった。こう言うのだった。

――せっかくの君が駄目になる。

彼こそ、わたしが愛したただ一人の男よ。彼は死んだ。だけど決して忘れない。彼に出会ったことは、わたしにとって人生最大のチャンスだったのだ。女をおもちゃにしない男に出会ったのだから。カペルは強靭な性格で、独特で、熱く一つことに集中するたちだった。彼はわたしの教育にあたった。あれもこれもではなく、わたしのもっているユニークな面だけを伸ばすすべを知っていた。三十歳で、ほかの青年なら財産を無駄遣いしている頃なのに、ボーイ・カペルは石炭の輸送業で早くも財産を築いていた。ポロの厩舎のオーナーでもあり、ロンドン社交界ではダンディでならしていた。ボーイはわたしにとって父であり兄であり、ただ一人の家族だった。戦争が勃発すると、カペルは老クレマンソー*2の好意をとりつけ、クレマンソーは誰をさしおいても彼の意見を聞くほどだった。カペルは礼儀作法も非のうちどころがなく、社交界でも一、二をあらそう花形。そんなカペルが、彼のあとを追ってついてきた手のやける小娘のわたし、田舎出のきかんぼうを相手に過ごすようになったのである。といってもわたしたちは決していっしょに外出したりしなかった（あの頃はパリもまだ厳しかった）。将来二人は結婚すると決まってもいないのに、愛しあうよろこびを披露したりはできなかったからだ。それでもある日、気まぐれを起こして彼にねだったことがある。ドーヴィルのカジノで催されるガラをキャンセルして、わたしと二人きりでディナーをしてと頼んだのだ。わたしたち二人はじろじろと満場の注視の的になってしまった。わたしは素晴らしい仕立てのシンプルな白のドレスを着ていたが、おどおどしてぎこちないので、ドレスも台無し。みなの好奇の目をひいた。いあわせた時の美女たちが、何事かと色めきたつ。思いがけない脅威に直面して女が感じるあの嗅覚がはたらいたのだ。連れの貴族もマハラジャもそっちのけになってしまった。ボーイが座るはずだった席は空いたまま。ポーリーヌ・ド・ラボルドやマルト・レトリエといった名だたる浮かれ女たちも、目はわたしにくぎづけになっている。何年もたってから、すっかり忘れていたのに、当時の名だたる美女の一人があの晩のディナーのことを話題にしたものだ。「あの晩のあなたは人生最大のショックの一つだったわ」。そのディナーの席で、イギリス女性が言った。「よくわかったわ、ボーイがあの娘のためにわたしたちを捨てたわけが」。もちろん、火に油を注ぐつもりで言ったのである。

それがわたしの人生最初の成功だった。何よりまずイギリス的な成功だ。なぜかイギリス人が相手だとわたしは何事もうまくゆく。イギリスとフランス両国の関係はいろんな試練を経てきたけれど、イギリス人の友達はいつまでも変わらない。ごく最近のことだが、その友人の一人にこう言われたものだ。「あなたとお知りあいになって、改めてフランスが好きになりましたよ」

ボーイ・カペルの女たちは、口々に言った。「その女を放してよ」。わたしはそれほど嫉妬を感じていなかったので、彼を女たちの方へと押しやろうとした。だが女たちは何もわからずにくりかえす。「その女を放してったら」。ボーイは、気取り屋ぞろいの時代には珍らしい、持ち前のごく自然な様子で答えた。「ごめんだね。そんなことを言ってくれるぐらいなら、脚を切れと言って欲しいね」。わたしはボーイになくてはならない存在だったのだ。

M・Bがアルゼンチンからもどってきた。レモンのお土産をたずさえていたが、袋の中でもう腐っていた。

――例のイギリス人とはどうなったのかい？

――どうなったって……男と女がなるようになったわ。

――けっこうなことさ。続けたまえ。

こんな短い話では、当時のこみいった状況はうまく説明できない。今なら何でもないことだけど。現代は、恋愛感情も何でもスピーディだから。だけどその頃は、二人の関係がはっきりするまで、泣いたり喧嘩したりもした。ボーイがイギリス人だったから、誤解することもあり、ややこしくなったのである。彼はモラルに大変きびしかった。わたしは彼を友人たちから遠ざけた。彼の友人たちはみなわたしをひどく嫌っていたからだ。彼らは娼婦《ココット》たちといっしょに暮らしていた。ボーイはわたしを隠して、彼らと交わらないようにした。わたしはわけをたずねた。

——とてもきれいな人たちなのに。

——そうさ、だが、それだけさ。

——なぜあの人たちは一度もこの家に来ないの？

——だって……君は彼女たちとは別だ、あんな連中とはちがう。それに、ぼくたちが結婚することにでもなれば……

——わたし、きれいじゃないわ……

——もちろんきれいじゃないさ、だけどぼくには君ほど美しいひとはいないよ。

わたしたちの家は花でいっぱいだった。だが、そんな贅沢をしながらも、ボーイ・カペルは育ちの良いイギリス人らしいモラルを保ち、厳格さを失わなかった。わたしを教育して、甘やかさずに、一つ一つの行動を批評した。「あれはまずかったよ……嘘をついたね……あれはまちがいだ」。女をよく識っていて、愛してはいても盲目にならない男の優しい威厳がそなわっていた。

ある日、ボーイ・カペルに言った。

——わたし、働きたいの。帽子をつくりたいわ。

——いいじゃないか。君ならきっとうまくやるよ。ずいぶんと金がかかるだろうが、まあいいさ、君のためだ、素晴らしいアイディアだよ。とにかく君が幸せにならなくちゃ。

その頃わたしが競馬場で見かけた女たちは、果物やら冠羽などで飾り立てた巨大なタルトや羽根のモニュメントを頭にのっけていた。それより何より嫌だったのは、その帽子が頭に入らないことだった（わたしが言いたいのは、わたしのつくった帽子は耳までちゃんと入るということよ）。

カンボン通りの二階を借りた。その部屋は今も持っている。扉にはこう書いた。「シャネル・モード」。カペルはわたしにマダム・オベールという優秀な女性をつけてくれた。本名はマドモワゼル・ド・サン゠ポンス。彼女はあれこれとアドバイスをあたえて店のことを教えてくれた。そのうち、わたしのつくる帽子が競馬場に来る女性たちの間で話題になりはじめた。飾り気がなく、シンプルで、きっちりとした、変わった帽子だという。来るべき鉄の時代を予告するような帽子だった。当時はまだ何もそんな予兆はなかったのだが。そして、お客が来るようになった。初めは好奇心におされて。ある日、そんな客の一人がやって来て、率直にこう言った。

——わたしが来たのは……あなたにお会いしたいと思ったからなの。

麦わら帽を頭にのせて、髪は肩までしかない小柄な女。そんなわたしは珍獣だったのだ。わたしを見たいという人が増えれば増えるほど、よけいに隠れた。この習慣は今もまだ残っている。わたしは決してサロンに姿を出さなかった。会話をしなければならないと思うと、ぞっとした。帽子の売り方もわからなかった。今にいたるまで売り方がわかったためしはない。どうしてもわたしに会いたいという客がいると、衣装戸棚のかげに隠れてしまった。

——アンジェル、行ってよ。

——だけど、お客様はあなたにお会いしたいのですよ、マドモアゼル。

わたしは地下に逃げこんだ。相手はみなかしこい人たちで、自分は馬鹿だと思っていたのだ。

——だけど、あんなにうわさになっているあの小柄なひとはどこなの？

——来てくださいよ、マドモアゼル！

アンジェルが必死になる。

——行けないわ。帽子が高すぎるなんて言われたら、きっとただであげてしまうもの。

わたしはある真実を予感していたのだ。それ以後、何度もその真実をかみしめた。すなわち、「いちど会ってしまえば、客を失う」ということだ。たとえば店でばったり出くわすようなことがあると、わたしは客を相手にしゃべりまくる。ひっきりなしにしゃべる。それは、臆病だからよ。会話のなかに逃避するのね。会話は安心感をあたえるなんて言われるけれど、たいていのおしゃべりは、沈黙が恐い人間の沈黙にすぎないわ。

わたしはとんでもなくナイーヴだった。まさかひとがわたしに興味を抱くなんて想像もしなかった。自分が注目を集めているということがわからなかった。自分はありふれた田舎娘なんだと思っていた。昔、子どものわたしが憧れていた、小説のヒロインが着るようなごたいそうなドレスはもはや存在していない頃。といって、子どもが自慢にするような、修道院の制服に聖霊のリボンやらマリア様のリボンやらをくっつけた服があったわけでもない。レースのようなものにもう惹かれなくなっていた。とにかくわかっていたことは、金がかかるものは決して自分には似合わないということだ。わたしはいつも羊の革のコートと質素な上着の着たきり雀だった。

――そんなに気に入っているのなら、いつも着ているその上着、イギリスのテーラーで「エレガント」につくりなおしたらいいじゃないか。

カンボン通りのすべてがカペルのこの言葉から始まった。

ボーイ・カペルはわたしに玩具をあたえてくれた。その玩具があまりにも面白かったので、愛の方をお留守にしてしまった。本当なら、彼はわたしに生きるよろこびを惜しみなくあたえたかったのに。

――誰と寝るの？　教えて。きっとわたしも楽しいと思うわ。

わたしは彼に言った（その時わたしがどういう言葉を使ったか、覚えていない。だけど「寝る」という言葉じゃなかった。一九一三年にはそんな言葉は使われていなかった）。

彼は笑った。

――そんなことをして、楽しくなると思っているの？　ややこしくなるだけだよ。だって、（君はそう思ってなさそうだけど）、君は女なんだからね。

＊1　ボーイ・カペル　本名アーサー・カペル。イギリス人。出生に謎が多く、父はフランス人だったとも言われている。石炭運送業に成功して早くから実業界で頭角を現し、時の宰相クレマンソーの知遇も得ていた。ポール・モランとも知りあう。一九一九年、南仏で自動車事故により急死する。

＊2　クレマンソー（ジョルジュ）　1841-1929　フランスの政治家。議会での雄弁により「虎」のニックネームをとる。急進社会党のリーダーとなり、二度にわたって首相をつとめた。一九一九年の和平会議では対独強硬路線をとり、ウィルソンやロイド・ジョージとならんで三巨頭と呼ばれた。

5　カンボン通り

オーヴェルニュの子ども時代、叔母たちは口をひらけば言っていた。「おまえは先行き、金にこまるだろうね……」「どこかの農家がお嫁にもらってくれたら御《おん》の字だろうよ」。わたしは小さいときから、人間はお金がなければダメ、お金があれば何でもできるということがわかっていた。そうでなければ、夫に依存するしかない。金がなければ、誰かがわたしをもらいにやって来るのをじっと待っていなければならない。だが、もしその人が嫌いな人だったら？　ほかの娘ならそれでも我慢したかもしれない。だけどわたしは嫌だった。誇り高いわたしは苦しんだ。そんなのは地獄だ。だからいつも自分に言い聞かせていた。お金、それこそ自由への鍵なんだと。こんなこと、それじたいはありふれた事実にすぎないけれど、大切なのは、わたしが十二歳で早くも現実を知っていたということよ。

はじめはお金が欲しいと思って始める。それから、仕事が面白くなってゆく。働く楽しさはお金の楽しみよりずっと大きい。要するにお金は独立のシンボルにすぎない。わたしがお金に執着したのはプライドが高かったからで、物を買うためではなかった。物なんて、何一つ欲しいと思ったことはない。欲しかったのは愛情だけ。自由を買い取り、何がなんでも自由を手にしたいと思っていた。

カンボン通りに店をかまえてからも、事業のことは何も知らないままだった。銀行とか小切手というものがどんなものかも知らなかった。世間知らずが恥ずかしかったけれど、ボーイ・カペルはわたしが世慣れてゆくのを好まなかった。わたしが出会った頃のままでいて、子どものままであって欲しいと思っていたのだ。「事業なんて銀行のことさ」。わたしがもらった返事はそれだけだった。カペルは保証人を買って出て、自分も出資していたロイズ銀行から金を借り、店をだす手はずを整えてくれた。

ある晩、わたしをサン＝ジェルマンまで夕食に連れていってくれた。歩きながら、子どもっぽい虚栄心から、得意になって言った。

――わたし、たくさん稼いでるのよ。仕事はすごくうまくいっているわ。かんたんなの、小切手を切りさえすればいいのよ。

その頃はまだ利子だの利率だの、夢にも知らなかったのだ。カンボン通りの経営はでたらめだったのである。

「マドモアゼル」と呼ばれるのが得意だったわたしは、帽子の型のことしか気にしていなかった。

――そうか、けっこうだね。だけど君は銀行に借りがあるんだよ。

──何ですって？　銀行に借りがあるの？　だってわたし、お金を稼いでいるのよ。稼いでなかったら、銀行は貸してくれないはずよ。

カペルは笑いだした。少し馬鹿にしたように。

──銀行は貸してくれるさ、僕が保証人になっているからね。

心臓が早鐘のように鳴りはじめた。

──わたしが使っている金は、わたしが稼いだ金じゃないと言うの？　わたしの金よ！

──ちがう。銀行のものだ。

怒りがこみあげてきて、絶望的な気持ちになった。サン＝ジェルマンに着いても、どんどん歩き続け、くたくたになるまで歩いた。

──昨日も銀行からぼくに電話があったんだよ……ちょっと君が引き出しすぎるってね、まあ、そんなこと何でもないさ……

──銀行が「あなた」に電話したですって？　どうしてわたしに電話してこないの？　じゃあ、わたしはあなたに依存しているの？

胸がしめつけられて、夕食どころではない。帰ると言って引き返し、ガブリエル大通りのアパルトマンまでたどりついた。中に入ると、自分の稼ぎで買ったのだと信じていた美しい品々に改めて目をやった。どれも、支払ったのは彼なんだ！　わたしは養われているんだ！　その晩パリは嵐だったが、胸の嵐の方がはるかに激しい。わたしに代わって金を払った、この育ちの良い男に憎しみがこみあげてくる。彼の顔をめがけてハンドバッグを投げつけると、外に逃げ出した。

——ココ！……どうしたんだ。

カペルがわたしを追いかける。

降りしきる雨のなかを、やみくもに歩いた。

——ココ……聞きたまえ。

追いかけてきたカペルが、カンボン通りの角でわたしをつかまえた。

二人ともずぶ濡れだった。わっと涙があふれた。

カペルはわたしを家に連れ帰った。嵐はやんだ。深くプライドを傷つけられたが、苦しみも少しうすれてきた。夜もふけた頃、夜食をとりに出た……何という一日だったことか！　翌日、店が始まるとすぐにカンボン通りの店に出て、主任にむかって言った。

——アンジェル、ここにいるのは遊ぶためじゃないわ。とにかく、金を使うためじゃありません。儲けるためにここにいるのよ。これからは、誰だろうと、わたしの許可なく一銭でも使うのは許しません。

——君は傲慢だよ。

カペルが言った。

——そんなじゃ苦しむことになるよ……

一年後、カペルの保証金は不要になり、彼の名義も要らなくなった。カンボン通りのあげる利益ですべてがまかなえたのである。プライドは役に立つ。けれども、あの日をさかいに、わたしの無邪気な青春は終わりを告げた。

思い出話には教訓がなければならない。だからこそこうして話しているのだから。そうでなければ、ただのおしゃべりに終わってしまう。つまりこういうことよ、成功しようとすれば、人間、働かなければならない。天からマナが降ってきたりはしない。わたしは自活するために自分でパンを稼いだ。友達は、「ココの手が触れると、すべてが金に変わってしまう」と言うけれど、わたしの成功の秘密は猛烈に働いたということよ。わたしは五十年間、どこの誰よりもよく働いた。肩書きでも、運でも、チャンスでもなく、ひたすら働いて得たものだ。

ある日、M・Bに出会った。

――働いているんだって。

と皮肉っぽく言った。

――カペルは君を囲えないのかい？

娼婦《ココット》たちを囲っているこの若いのらくら者に、こう答えてやれたわ。「わたしは誰にも何一つ借りがないのよ」。なんとうれしかったことだろう！　わたしは自分の主人であり、自分以外の誰にも依存していない。ボーイ・カペルは、もはやわたしが彼のものでないことをよくわかっていた。

――ぼくは君に玩具をあげたと思っていたのに、自由をあたえてしまったんだね。

ある日彼は悲しげに言ったものだ。

一九一四年。大戦勃発。カペルはドーヴィル[*1]に仔馬の飼育用のヴィラを借りて、わたしを疎開させた。優雅な貴婦人たちも大勢ドーヴィルに避難して来た。彼女たちを相手に帽子を売った。ドーヴィルにはクチュリエがいなかったので、やがては服を売ることも考えなければならなくなった。店には帽子づくりしかいなかったが、急遽《きゆうきょ》、彼女たちを縫い子に変えた。そのうち布地が払拭してきたので、調教助手たちが使っているジャージーや、調教師のトリコットを裁断して服をつくった。自分自身が着ていたからだ。戦争の年の夏の終わり頃には、金貨で二十万フランも稼いでいた……そればかりではない、厩舎のファッションが競馬場のファッションに勝ったのだ！

クチュリエというこの新しい仕事についていったいわたしは何を知っていただろう？　何一つ。わたしはクチュリエというものが存在しているということさえ知らなかった。それ以上に、自分はファッション界に革命を起こすのだという自覚があっただろうか？　そんなこともまったく意識になかった。一つの世界が終わり、別の世界が生まれようとしていた。わたしはその二つの境にいあわせたのだ。チャンスがあたえられて、それをつかんだ。わたしはこの新しい世紀と同じ年齢だった。だからこそそれを服装に表す仕事がわたしに託されたのよ。シンプルであること、着心地の良さ、清潔さなどが求められていた。わたしは知らぬ間にそのすべてを提供していた。

バルサン（右端）の仲間たちと森で驢馬に乗る若きシャネル（右から二番目）。乗馬服をさっそうと着こなして、この頃からすでに「スポーティブ」ファッションのコンセプトがあったことがうかがわれる。

真の成功は運命的なものね。
一九一四年以前の競馬場ときたら！　わたしは競馬に行きながら確信していたわ、わたしは今、贅沢さの死、一九世紀の喪に立会っているのだ、と。一つの時代が終わろうとしていた。素晴らしい時代ではあったが、退廃的で、バロック様式の最後の残光ともいうべき時代、装飾過剰が女たちのからだのラインを殺し、まるで熱帯雨林の寄生植物が樹木を殺すみたいに、ゴテゴテした飾りがからだを押しつぶしていた。女はもはや金を使うための口実にすぎず、レースやら黒テンやらチンチラやら、ひどく高価な素材の口実になってしまっていた。あまりにもこみいった模様や、レース、刺繡、紗、裾飾り、縫い飾りなどを使いすぎて、女のファッションは時代遅れのフランボワイヤン様式の芸術みたいになっていた。引き裾《トレーン》は埃払いになっていたし、ありとあらゆるパステルカラーが使われすぎて、虹を描くどころか、微妙な色使いが色調を弱めていた。いたるところに日よけがかかって、庭も鳥カゴも温室も、そこらじゅう日よけだらけ。珍しいはずのものがありふれたものになり下がり、豊かさが何の変哲もない浪費になりさがっていた。

子どもの頃は、ほかの子たちと同じように、わたしもそういう装いに憧れていたものよ。モン＝ドールで、十四歳の時、好きなドレスを一着つくってもいいといわれたことがある。モーヴ色のドレスを選んだわ。ルメール書店から出ていた三文小説にあるようなモーヴ色で、後ろで留めるようになっていた。まるでメイドを何人も従えているみたいにね。ロスタン[*2]の小説に出てくるみたいなパルマ菫《すみれ》の造花がついていて。立襟には首まわりにクジラ骨を入れてぴったりさせて。

裾は後ろに「おひきずり」のトレーンがついているの。これであらゆる男の心をひきずりまわせるというわけね。

このドレスを注文したのは、ある想いが焼きついていたからだった。「メタルの手をした婦人」の真似をしたいと思っていたの。近所に住んでいた女性で、貧しく、無口なひとだったけれど（わたしの田舎ではみな無口だった）、いつも驚くほど素晴らしいドレスを着ていた。ひそかな夢にこがれるというか、ナルシシズムを胸に秘めていたのだと思う。ぴったりとからだにそったドレスに、わたしは見とれてしまった。カーテン上げと同じ要領で、裾を持ち上げるのに手のかたちをしたメタルの留めピンを使っているのを見たときには、ポカンと口をあけてしまった。慎ましく、倹約のために仕方なくこうしているのよと言っていたけれど、わたしにはエレガントの極みに見えた。要はアスパラガスをつまむピンセットのようなものだったが、貸してくださいなんて言えるわけもない。だからそのとき自分に誓ったの、いつかわたしもあんな長い裾のドレスを着ようと。といってもわたしのドレスはあまりに裾が長すぎて、腕でかかえなくちゃならなかったけど。なんて優雅なのかしら！　わたし、こんなドレスでミサに行くんだわ、わたしだって、衣擦《きぬず》れの音をさせて、みなをあっと言わせてみせる……わたしは着付けをして下に降りていった。結果はおわかりのとおりよ。「さあ、今からミサに行くのよ。着替えておいで」。叔母たちにそう言われたわ。一巻の終わり！　礼拝のあいだ、神様、どうか死なせてくださいと祈って泣いていた。

初めてのこの挫折の体験をとおして、わたしは趣味の良さ、センスの良さとは何かを学んだ。田舎がそれを教えてくれたのだ。間接的にではあれ、華美なパリジェンヌに質朴な美をおしつけたのはオーヴェルニュの叔母たちなのだ。あれから歳月がたち、今になってようやくわかる。厳粛な地味めの色が好きなのも、自然界にある色を大事にしたがるのも、アルパカ製の夏服や羊毛《チュヴィオット》製の冬服が修道服みたいな裁断になっているのも、みなモン＝ドールから来ているのだということが。パリのおしゃれ女を夢中にさせた禁欲的ファッションはみなそこから来ているのだ。わたしが帽子をきっちりかぶるのも、オーヴェルニュの風が帽子を吹き飛ばしそうだったからよ。つまりわたしはパリを征服したクエーカー教徒[*3]だったのだ。百五十年前、ジェノヴァやアメリカから渡来した粗布がヴェルサイユの宮廷で大流行したのと同じことね。

一九一四年は依然として一九〇〇年のままだった。そして、一九〇〇年は第二帝政のまま。イージーにお金を浪費して、一つのスタイルからまた別のスタイルへと気まぐれに移っていた。どこの国、どの時代だろうとおかまいなしにインスピレーションを借りるのがロマンチックだと思いこんでいて、自分を正しく表現するすべを知らなかったのだ。美的な装いとは、正しい精神と真性な感情の外的表現以外の何ものでもないのに。

こういうふうにわたしは生まれたのよ。こういうわけでわたしのスタイルは今も続いている。

一九一三年の競馬場で着ていたスーツが一九四六年の現在でも通用するのはこういうわけよ。その服をつくった社会的状況は今の新しい状況と変わっていない。

こうしてカンボン通りは三十年間のあいだ良き趣味の中心だった。わたしはまっとうな自己表現を見出したし、わたしのイメージにあわせて、モードを正すことができたと思う。


一九一四年にはスポーツ着なんてなかった。女はみな、馬上槍試合に臨む中世の貴婦人のような格好でスポーツを観ていたわ。ウエストの低い位置にベルトをして、からだを締めつけていた。腰も足も、どこもかしこも……。食べ過ぎるので太っているくせに、太ってみせたくないものだから、自分で自分を締めつけていた。コルセットからはみだした胸をドレスが隠していたわ。わたしはジャージーを発明して、女のからだを自由にした。ウエストもやめることにした（再度ウエストを採用するようになったのは一九三〇年のこと）。わたしは新しいシルエットをうちだした。おあつらえむきに、戦争だった。わたしの客はみな痩せはじめた。「ココのようにお痩せ」というわけね。女たちはわたしの店にスリムなボディを買いに来たのよ。「ココのところに行くと、みな若いわ、彼女みたいにして」。女たちは御用商人にそう言っていた。ほかのクチュリエたちの憤慨をよそに、わたしはスカートの丈を短くした。それまでジャージーは下着にしか使われたことがなかったが、わたしはあえて表地に使って栄光を授けた。

一九一七年、わたしはふさふさとした髪を切った。初めは少しずつ切っていたけれど、最後は思い切って短くした。

——なぜ髪を切ったりなさったの？

——邪魔だからよ。

するとみなが口をそろえて、わたしのことを「少年みたい、牧童のようだ」と言いだした（そしてそれが女性への誉め言葉になりはじめた）。

わたしは金のかかる毛皮をやめて、いちばん貧しい毛皮を使う決心をした。もはやチンチラは南米から届かなくなっていたし、黒テンもロシア帝国からの輸入ではなかった。わたしはウサギを使った。こうしてわたしは貧しい人たちや小売商に儲けさせたのよ。卸売商人はそんなわたしを決して許さなかったわ。

——ココが成功するのはもはや大夜会がない時代だからだ。

一九一四年以前の名だたるクチュリエたちはそう言っていたわ。だけど、夜会服だなんて……夜会服を着こなすのはたやすい。だけど、ジャージーはまったく別のものよ！　わたしは古代ギリシアのリュクルゴス[*4]のようにばっさりと、豪華な布地を抹殺した。美しい生地はそれじたいで美しいが、ドレスに金をかけると、かけただけ貧しくなる。装飾を剝ぎ取って簡素にすることをみじめなことだと勘ちがいしているのだ（それにしても他人に剝ぎ取られるぐらいなら、自分で剝ぎ取った方がましね）。

一九二〇年以降になると、大クチュリエたちは闘おうとした。あの頃、オペラ座で、桟敷席の奥からホールを眺め渡したことを思い出す。ありとあらゆる色がまたしても氾濫している光景にショックをうけた。赤、緑、電気の火花のような青、リムスキー＝コルサコフ[*5]とギュスターヴ・モロー[*6]を混ぜてパレットにぶちまけたみたいな。ポワレ[*7]がはやらせたこうしたモードには胸がむかついた。ロシア・バレエは舞台装置であって、ファッションじゃない。わたしはよく覚えているわ。そのとき横に座っていた男友達にこう言ってやったの。

——こんな色ってないわ。この女性たちに、わたしは黒を着せてみせる……

こうしてわたしは黒をはやらせた。黒は今もはやっている。黒はすべての色に打ち勝つ色だ。昔はわたしもいろいろな色を使ったことがあるが、最後はマスの白黒に落ち着いた。フランス人にはマスのセンスが欠けている。イギリス庭園の花壇の「縁取り」の美しさ、あれはマスの美しさでしょ。ベゴニアでもマーガレットでも、ヒエン草でも、一輪だけだと全然きれいじゃない。だけどびっしりと足元をうずめるように植えると、一面に咲いた花は俄然美しくなる。

——そんなことをすると、ひとりひとりの女性の個性がなくなってしまう！

そう思うのがまちがいなのよ。女はみなそろって同じ一つの型を身につけてこそ、それぞれの個性を発揮する。ミュージック・ホールのダンサーたちを考えてみればいいわ。一人だけにしてごらんなさい。みじめな人形になってしまう。だけど列に戻れば、全体が素晴らしく美しくなる。そればかりか、隣のダンサーとのちがいによって、ひとりひとりの個性も際立つのよ。

ツイードは、スコットランドから取り寄せた。ホームスパンがクレープやモスリンの王座を奪ったのだ。ウールは柔らかさを保つためにあまり洗わないようにすることも覚えた。フランスは洗濯をしすぎる。わたしは服地屋に自然色が欲しいと言った。動物が保護色をまとうように女性も自然に従って欲しいと思ったからだ。芝生の上のグリーンの服なんて、完璧だ。ロディエの店に行った。二五種類ものちがったグレーの生地を自慢そうに見せた。これでは女性客はどうして決めることができるだろう？　彼女は夫に相談をもちかけ、彼には別の用事があり、注文に時間がかかる、売り子は時間を無駄にし、やっと決めて布地にハサミを入れたら、また気が変わってしまう、なんてことの連続。わたしは自分のパレットをシンプルにして本当によかったと思う。

だけど、もうやめましょう。すっかり知れわたったこんな真実を話すためにおしゃべりしているのじゃないわ。こういうことはもう全部知られつくして、古くなってしまった。四半世紀のあいだ、モード紙も雑誌も、わたしの仕事の仕方の記事を満載していた。ほかのクチュリエがデッサンを描いて人形やマネキンに着せてみるのにたいし、わたしはどんなふうにして生きたモデルを相手に仕事を始めるのか（わたしのハサミがあの古代ギリシアの彫刻家プラクシテレスのそれだとは言わないけれど、わたしはデッサンするよりモデルの彫刻をつくるのよ）。わたしのマヌカンがいつも同じマヌカンで、彼女たちの顔もからだもなじみ深くなってしまうのはなぜなのか。シンプルなスーツから凝ったドレスまで、わたしの店から出てゆく服はまるで同じ手で縫ったように見えるわけは何か。そういうことはさんざん書きつくされてしまった。

もしモードのテクニックの本を書くとしたら、こう言うでしょうね。「よくできた服とは誰にでも似合う服である」。その上で、どんな女性も同じ腕あきをしていない。肩もひとによって決して同じじゃない……すべては肩にあるのよ。もし肩が合っていなかったら、その服は決して合わないはず……。前は動かなくていい、肝心なのは背中。太った女性は必ず背中が小さいし、痩せた女性は背中が大きい。背中には少なくとも十センチのゆとりが欲しい。かがんだり、ゴルフをしたり、靴をはいたりしなきゃならないでしょ。だから、寸法を測るときには客に腕を組んでもらうのよ……。

身体の関節のかなめはすべて背中にある。そう、《すべての動作は背中に始まる》。だからできるだけそこに生地をまわすこと……洋服はからだの上で動くべきよ。じっとしているときにはぴったり合った服でも、動くともっと大きいはずよ。皺《しわ》を気にしていてはダメ。役に立つものなら、皺だって美しいはず……。すべての女性がヴィーナスだとはかぎらないけど、何一つ隠してはダメ、ごまかそうとすると、余計に目立ってしまう……足がきれいじゃないからといって、スカートを長くするものじゃないわ……。マヌカンを見てわたしがまず考えるのは布のかたちね。生地の選択はその後。きちんとサイズが合った布、これほど美しいものはない……

クチュールのわざ《アート》、それは長所をひきたたせるということ。前身頃はウエストを少し上げて、女性の背を高く見せるとか。後ろが下がらないように、前を少し下げるのもそう（背中の「ちょっとしたくぼみ」は、ありすぎるミス！）。ドレスは後ろを長く裁断するのよ、上にずりあがるから。首をすらりと見せるものはすべて美しい……

こんなこと、何時間でも話し続けられるわ。だけど、誰にでも面白い話じゃない。それに、こんな真実は専門家なら誰でも知っていることだし。そのうえ、千の『マリ・クレール』が広めたから、どんな貧乏な家だってもう知っているわ。アメリカはね、行ってびっくりしたわ、みんな何でも知っているのだもの。何年にわたしがロングドレスを始め、何年にそのドレスの丈を短くしたかまで知っている。わたしが作品を説明する必要もないの。作品じたいが説明してくれているから。

かんたんに言えば、こういうわけなのよ、わたしがあなたに服のつくりかたの話をしないわけは。だいたいわたしは一度もクチュリエであったことなんかない。服を縫えるということはとても素晴らしいことだと思う。だけどわたしは、いちども裁縫を習ったことがない。指を針で刺すのが関の山よ。それに現在は誰でも裁縫できるわ。理工科大学《ポリテクニック》を落ちた素敵な男性たちだって縫い方を覚えられる。平凡な老婦人だって裁縫できるわ。一生、針を持って離さないひとたちよね。そういうひとたち、わたしは大好き。

わたしはそんなひとたちとは正反対ね。わたしは憎たらしい人間。真面目に言っているんだから、ちゃんと聞いてほしいけど。

ボーイ・カペルとわたしは、ガブリエル大通りの素晴らしいアパルトマンに住んでいた。コロマンデルの漆《うるし》の屏風を初めて見た時は思わず、声をあげた。

——なんて美しいの！

何かを見てそんなことを言ったのは初めてだった。

——とても芸術的でいらっしゃるあなたという方は……と、あるディナーで見知らぬ老紳士に話しかけられた。

——わたしは芸術的ではありませんわ。

——じゃあ、と、怪訝《けげん》そうにわたしの方に寄って彼は答えた。あなたはシャネル嬢じゃないんですね。

——ええ、ちがいます。事を簡単にするために、わたしはそう答えた。

わたしはコロマンデルの屏風を二一枚持っていた。この屏風は中世のタピスリーの役割を果たす。これがあれば、どこででもインテリアを変えられる。ベラール[*8]が言った。

——とにかく君ほどエキセントリックな人はいない。

ところが、わたしのことをもっとよく知っているコクトー[*9]はこう言った。

——君がどんな暮らしをしているか、ひとに言うつもりはないよ。朝七時に起きて、九時には必ず寝るなんて言ったって、いったい誰が信じるだろう。だけど君はいっこうに気にしないんだから！

エキセントリックなのが好きなのは、他人がそうであるときだけね。

わたしは絨毯をベージュに染めさせた。地面を踏んでいるような感触が得られたわ。たちまちすべての家具がベージュになった。ところがある日、「トータルコーディネーター」たちが訪ねてきた。

――白のサテンにしてみたら？

わたしがそう答えると、

――何と良いアイディアでしょう！

こうして彼らの部屋は雪にうもれてしまったわ。無邪気な初心者がよくやるわよね。ロンドンのサマーセット・モーム夫人の店は白一色よ。漆、中国陶器の白と青、大柄の模様を描いた薄葉紙、イギリス製の銀器、花瓶にも白い花を活けたりして。

初めてガブリエル大通りのアパルトマンを訪ねてきた時のアンリ・ベルンステン[*10]の驚きも忘れないわ。

――なんて美しいんだ、ここは！

（それ以来、アントワネット・ベルンステンのデリケートな手は、この新しい装飾芸術を舞台に

使った。ジムナーズ座からアンバサダーまで、五十枚以上描いているわ）

エキセントリックなものは自滅にむかっていた。それどころか、わたしなんて、よろこんで殺す手伝いをしたものよ。ポール・ポワレは創意あふれるクチュリエだけど、女たちにエキセントリックなコスチュームを着せていた。くつろいだ昼食であるはずの集いが仮装舞踏会になり、おだやかなティー・タイムがバグダード帝国みたいな光景を呈していた。わが国の芸術の栄誉にあずかった最新流行の高級娼婦や、感嘆すべき美女たち、カナダやフォルサーヌ、マリー＝ルイーズ・エルー、イリブ夫人といった女性たちはみな釣鐘型のドレスを着て、グレーハウンドやチータを連れてタンゴのリズムに乗っていたわ。それはうっとりするような光景だったけど、イージーでもあった。（シェヘラザードのような格好をするのはとてもやさしいが、リトル・ブラック・ドレスを着こなすのはとても難しい）。独創性になんか惑わされてはダメ。ファッションで独創性にこだわったりすると、たちまち仮装やら装飾やら、書割のなかに溺れてしまう。あのプリンセスは黄道十二宮の模様を描いた緑のスカーフをあんなに自慢にしていたけれど、そんなものに感心するのは馬鹿だけよ。すごく逆説的だけど、ちゃんと言っておかなければならないわ、大袈裟なのは個性を殺すのよ。表面的なものはみな値打ちを下げてしまう。あるアメリカ人はこう言ってわたしをほめたけれど、とてもうれしかった。

――これほどの金を使いながら、それを見せないようにするなんて！

といっても本にはお金を使った。読むためだ。書物はわたしの最上の友だった。ラジオがどれも嘘をつく箱だとしたら、一冊の本はすなわち一つの宝だった。どんなにつまらない本でも必ず何か言いたいことがあり、何かしらの真実がある。くだらない小説であっても、人間的経験のモニュメントにはちがいない。インテリや教養の高い人たちにもたくさん会ってきたが、みなわたしの知識に驚いていた。小説を読んで人生を学んだのだと言ったら、もっと驚いたでしょうね。もし娘がいたとしたら、小説を読ませて教育したいわ。小説には、人間を動かす書かれざる法則が描かれている。わたしの田舎では、誰もおしゃべりをしなかったし、物語を聞かせて人生を教えるということもなかった。納屋の中で、女中から盗んできた蠟燭の灯りをたよりに読んだ新聞小説から、古典といわれる小説にいたるまで、どの小説も夢の衣装をまとった現実からなっている。幼い頃、わたしは本能的にカタログを小説のように読んでいたけれど、小説は現実の大いなるカタログそのものよ。

——君に贈り物をしたことは一度もないね。

ボーイ・カペルが言った。

——そうね。

翌日、わたしは彼が送ってよこした箱を開けた。王冠《ティアラ》が入っていた。わたしはティアラなど見たこともなかった。どこにつけるのかもわからなかった。首にかけるのかしら？　アンジェルが教えてくれた。「頭につけるんですよ、オペラ座で」

わたしはオペラ座に行きたいと思った。子どもがシャトレ座に行きたがるのと同じだった。男が女に花を贈ることも知った。

「わたしに花を贈ってくれてもいいのに」。ボーイ・カペルにそう言った。

三十分後に、花束を受け取った。大喜びした。さらに三十分後に、二番目の花束が来た。満足した。三十分後にまた花束が来た。ずっとそれのくりかえし。三十分ごとに花束が来て、二日間続いた。ボーイ・カペルはわたしに教えたいと思ったのだ。わたしは教えられた。彼はわたしに幸福を教えたのだ。

こうしてガブリエル大通りで二人の幸せな日々が過ぎていった。わたしはほとんど外出しなかった。夕方になると、カペルを喜ばせるために着替えをした。やがて彼がこう言うのがよくわかっていたからだ。「本当に、どうして出かけたりするんだ、ここにいてこんなに楽しいのに」。彼はこういう暮らしをしているわたしを愛していたし、わたしもまた一面ハーレムの女のようなところがあって、こんな隠棲生活をおくるのに慣れていた。

外界はわたしにとって現実性をもたなかった。出世したいなんて夢にも思わなかった。子ども同然、社会がどんなものか、何の考えももってなかった。わたしがパリについて思い描いていた図はひどく下手で、一四世紀の板絵のようだった。たとえばある日のこと、議会に行ったことがあった。外交会議が開かれていて、わたしはイギリスの外交官たちの席に座っていた。若い代議士が立って、決然と、皮肉で無礼な口調で、クレマンソー陣営を攻撃していた。わたしのしたことといったら、天井桟敷の連中が裏切り者の演説をやじりたおすのと同じだった。わたしは大声で叫んだのだ、「祖国を救った人をこんなふうに侮辱するなんて、何という恥知らず！」騒然となって、みながわたしの方を向き、守衛が入ってきて連れ出して……

カペルはクレマンソーのところに自由に出入りをゆるされていた。実業家らしい頭の回転の良さは、先達を前にしても遠慮せず、上下関係にもひるまなかった。かんたんにできそうな解決案を提案してみたり、実務的な助言をしたりしていた。いつも受け入れられるわけでもなかった。クレマンソーはもう先のない老人によくあるあの熱い愛情を彼に抱いていて、カペルなしには過ごせなかった。パリの軍務次官のポストを受けて欲しいと頼んでいた。イギリス政府関係者に頼めばわけなくもらえるポストだったけど、スピア[*11]と仲違いしたくなかったので、クレマンソーの申し出を断ったのよ。

平和になると（あの頃は戦争の後に平和がやってきた）、カペルは自動車事故で殺された。その思い出を小説ふうに飾りたてたりするのはよすわ……。彼の死はわたしにとって恐るべき打撃だった。わたしはカペルを失うことですべてを失った。「われわれといっしょに生きるにはカペルはあまりに良い人だったのだ」とクレマンソーは書いた。ボーイは稀に見る精神の持ち主で、独特で、若いのに五十代の経験をつみ、穏やかで陽気でしかも威厳があり、皮肉のきいた厳しさをもっていて、ひとを魅了し支配した。ダンディな外見とはうらはらにとても真面目で、ポロの選手やいい加減な実業家とはくらべものにならない教養があり、深い内面性があって、魔術や占星術のことまで知っていた。彼は何も出版しなかったが、たくさん書いていた。ときどき予言的なことを書いていた。一九一四年の戦争はもっと残忍な大紛争の前触れにすぎないと予言していた。彼はわたしの内に歳月では埋められない空洞を残した。今でも天で彼がわたしを守っていてくれるように感じるわ……ある日パリで見知らぬヒンズー教徒の訪問をうけたことがあるの。

——あなたにおことづけがあります、マドモアゼル。どなたからのものか、あなたはおわかりでしょう……その方はもはや何にも損なわれることのない世界で、よろこびのうちに生きておられます。わたしはその方からことづけを託されました、あなたはその意味がおわかりでしょうから、どうかお受けください。

そしてそのヒンズー教徒は謎めいたことづけを伝えた。それは世界中でカペルとわたしのほかに誰一人知りえない秘密だった。

その後の日々は幸福な人生ではなかった。驚くかもしれないけれど、正直言ってそうなのよ。当時わたしはいったいどんな暮らしをおくっていただろう？　カンボン通りで働いたあとは、家にひきこもることとしか考えなかった。その点では、たくさんの忙しいパリジャンに似ている。彼らは夜出かけるにはあまりにも忙しい（田舎の人たちや外国人、とくにアメリカ人にはそれが不思議なのね、フランス人はなんであんなに多くの人がカフェや通りで暮らさずに家の中にいるんだ、と言うわ）。

わたしは周囲の人たちを幸福にするすべは知っていたけれど、わたし自身は幸福のセンスを持っていない。スキャンダラスな人間関係は好きじゃないし。いろいろと出不精なのよ。自分の家からなかなか出られないのと同じように、自分のモノローグをさえぎられるのも好きじゃない。自分の考えの外に出たくないのね。わたしは他人がわたしの無秩序のなか、というか、わたしの精神のなかにふみこんで秩序をおしつけてくるのは大嫌い。秩序というのは主観的なものよ。それから、忠告されるのも嫌い。頑固だからじゃないわ、影響を受けやすいからよ。それにひとって、玩具でも医者でも忠告でも、そのひとが良いと思うものしかあたえてくれないものよ。誰かに愛着するのも好きじゃない。誰かに執着しだすと、わたしは卑怯になるの(それってわたしの好意の表現なのよ)。だけど卑怯ではありたくないわ。コレットが母親のシドを引用しながら、「愛は名誉ある感情ではない」と言ったとおりね。深い言葉。わたしは批評が大好き。わたしが批評しない日がきたら、わたしの人生はもうおしまいよ。

ほかの人たちは青春を生きた。わたしの青春は夢だった。現実の方が良かったたって? いずれにしても、孤独はわたしに勝利をもたらす。誰かある人が近づいてきて、こうささやくと、途端にわたしはゲームに負けてしまうのよ。

――千フランさしあげたいのですが。

こういうとき、わたしは勝負を始める前から負けだとわかるのだ。

猫みたいに抱きかかえられるのも嫌い。わたしは自分が歩いてきた道をまっすぐ行く。たとえその道がうまくゆかなくても。わたしはその奴隷になる。自分が自由に選んだ道なのだもの。鋼のような弱さをもってはいても、一時間でも仕事に遅れたことはないし、病気をしたこともない。両手にあまる名医がいろいろ致命的な病名をあげて忠告するけど、そんな医者たちを避けて治療をしないようにしている。十三歳のときから自殺を考えたことはないわ。

わたしは服をつくった。ちがうことだってきっとできたにちがいない。服は偶然にすぎなかった。わたしは服が好きだったのじゃなくて、仕事が好きだったのだ。わたしは仕事にすべてをささげた。愛さえも。仕事はわたしの人生を貪りつくした。

時とともに、友達に囲まれているよりも、好きなときに「帰って」と言える家族みたいな人たちといっしょにいる方が好きになってきた。

わたしは仕事にしか時間をあたえなかった。ある日、憤慨したA氏に言われたわ。

——あなたはわたしが嫌いなんですね。

わたしは答えたわ。

——いつわたしに時間があるとおっしゃるの？

というのも、人はありとあらゆることを考えるし、すべての仮定を想定してみるものだが、これだけは思いいたらないのだ。つまり、人は働くので精一杯で、ほかの人のことなど考える余裕もないということ。これだけはわかってもらえないわ。

＊1　**ドーヴィル**　第二帝政期にひらかれた海浜リゾート地。パリから車で二時間の距離にあるこの避暑地は、現在もウィークエンド・バカンスを過ごすのに格好の地である。

＊2　**ロスタン（エドモン）**　1868-1918　フランスの詩人、劇作家。代表作『シラノ・ド・ベルジュラック』でロマンチックなヒーロー、ヒロインを描く。

＊3　**クエーカー教徒**　クエーカー教は、一七世紀イギリスに興り、アメリカに広まったキリスト教団体。華美や流行を避けて質素な服装をするのを重んじた。

＊4　**リュクルゴス**　スパルタの過酷な軍規を定めた古代ギリシアの立法家。

＊5　**リムスキー゠コルサコフ（ニコライ・アンドレエヴィチ）**　1844-1908　ロシアを代表する作曲家。パリ万博で指揮をとり、ロシア音楽の紹介にも努めた。

＊6　**モロー（ギュスターヴ）**　1826-98　フランスの画家。聖書や神話などの題材を荘厳華麗な色彩でいろどった神秘的作風で知られる。

＊7　**ポワレ（ポール）**　1879-1944　フランスのクチュリエ。一九世紀から続いたコルセット・スタイルをやめて、ストレートなシルエットをうちだしたポワレは現代ファッションの創始者である。ロシア・バレエに絶大な影響をうけて鮮やかな色の絹を使い、ハーレム・パンツやターバンなど、オリエンタリズムあふれる奇抜なファッションを展開した。

＊8　**ベラール（クリスチャン）**　1902-49　ファッション画家。舞台装置や舞台衣装のデザインも手がける。シャネルやコクトーのための仕事も有名。

＊9　**コクトー（ジャン）**　1889-1963　詩人・小説家。代表作に『おそるべき子供たち』『オルフェ』『エッフ

エル塔の花嫁花婿』など。多才なコクトーの活動は文学から舞台、映画まで幅広く、芸術バー「屋根の上の牡牛」をたまり場にした活動は二〇年代パリを席巻し、社交界の寵児でもあった。

＊10　**ベルンステン（アンリ）**　1876-1953　フランスの劇作家。蕩児としても名高く、一時期シャネルとも親しくつきあう。妻のアントワネットもまた社交界の花形だった。

＊11　**スピア（エドワード・ルイス）**　1886-1974　イギリスの軍人・政治家。親仏家で英仏の協調をはかり、チャーチルにも手腕をかわれた。

6　イタリア旅行

　セール夫妻と知りあったのはボーイ・カペルが死んで間もなくの頃だった。妻のミシア・ゴデブスカはポーランド人で、夫のホセ・マリア・セール[*1]はカタロニア人だった。わたしたちは、たがいに新しい玩具だった……。セール夫妻は、若い娘が身も世もなく泣いている姿を見て心を動かされたのである。彼らはイタリアにいたが、わたしが行きたがらないので、彼らの土地ともいうべきヴェネチア行きをあきらめ、旅程を変えてわたしを自動車に乗せた。

　こうして親しいつきあいが始まり、セールの死まで続くことになったが、わたしたちのように激しい性格の者どうしが出会うとよくありがちな波乱ぶくみのつきあいだった。思い出をたぐりながら、紆余曲折の多い、曲がりくねった道を話してみるわ。いえ、もっと正確に言うとジグザグの道と言うべきかしら、なにしろ角が多かったから……。

　ある日わたしはパドヴァの聖アントニオにむかって、もう泣かずにすむようにと祈った。わたしはしばらく聖堂に残り、ヴェネチア海軍の将校の立派な棺が置かれているところ、聖人像の左手前にいた。わたしの前で、ひとりの男性が石畳に額をつけていた。その姿はあまりに悲しく美しく、深い厳格さと苦悩がにじんでいた。消耗しきった額はぐったりと地に伏していたので、わたしのなかに奇跡が起こった。「わたしは馬鹿だわ、なんて恥ずかしい！」このひとの悲嘆にくらべたら、やっと人生を始めたばかりの、みなし児の悲しみなど何だというのだろう？

ほどなく新しいエネルギーがからだから湧いてきた。わたしは勇気を取りもどし、生きようと決意した。

セール氏はたいした人物で、一人のキャラクターだった。彼の描く絵よりそのキャラクターの方がずっとすごかった。ルネサンス人のように豪勢で背徳的だった。浪費好きで、金が大好きだった。「セールにかかると何でも形無しになると思わない？」とミシアが言っていたが、そのとおりだった。セールは旅の理想の伴侶だった。いつも上機嫌で、バロック芸術について素晴らしく博識なガイドだった。彼の知識のどこをとっても他の分野の知識にひけをとらず、彼の絵の眩暈のするようなファンタジーとそっくりだった。髭を染め、背中に瘤《こぶ》をつけ、大きな鼈甲《べっこう》の眼鏡をかけた――それもほんとうに真丸の眼鏡を――この毛むくじゃらなサルは、何でも巨大なものが好きだった。寝るときには黒いパジャマを着て、決してからだを洗わず、裸でいても毛皮を着ているように見えた。あまりにも毛深いので、淫らな感じもしなかった。顔以外は全部毛むくじゃらなのだ。彼は牧神がなじみの森を案内するように美術館から美術館へとわたしを連れまわし、何も知らずにじっと耳をかたむけているわたしに一から十まで説明してくれた。わたしを教育するのを面白がり、わたしが生まれつき美術好きなのに満足していた。おなかがすいたわたしたちは、百メートルも迂回をして食べ物屋を探し、小鳥をブドウの葉にくるんで焼いたものを食べた。画家ウッチェロ[*2]から本物の 鳥《ウッチェロ》 へというわけだ。セールは若い頃イタリアを徒歩やらロバやら、あらゆる方法で巡り歩いていたから、場所はよくわかっていると言った。地図も広げてみた。だが結局宿は見つからない。

——トシュ(彼はミシアをそう呼んでいた)、ぼくらはまちがったんだよ。右に曲がればよかったんだ。もどろうよ!

それからまた迷った。とうとうわたしたちは豚を一頭買いこんで、車の中に持ち込み、道の横で焼いて食べた。

この失敗はセールを上機嫌にした。ハプニングが大好きだったのだ。ミシアとわたしは食が細くてあまり食べないのに、二人にはさまれたセールは根っからの美食家で、珍しい酒や料理をどんどん注文し、わたしたちのテーブルはヴェロネーゼ[*3]かパルミジャニーノ[*4]の絵のようになってしまった。今もわからない。セールは内ポケットから皺くちゃになった紙幣を取り出した。小銭はどうしたのだろう。今もわからない。彼が小銭を持っているのを見たことがない。支払いなんてできなかった。

——この夕食はわたしのおごりですよ、マドマシェル!

スペインなまりのフランス語で彼が言う。ヒゲのなかで、フランス語はわけのわからないつぶやきに変わってしまうのだ。

――もう何も頼まないで、食べきれないわ。

――あなたはタベナイネ、だけどわたしはデザートにサバイヨン・オ・マラスカンをもう三つ注文シマスカラネ、マドマシェル！　あなたたちが食べても食べなくても！

ジョジョは何でも知っていた。ボルトラッフィオ[*5]の絵画のカタログ、アントネロ・ダ・メッシナ[*6]の描く道中案内、聖人たちの生涯、すべて知っていたし、デューラー[*7]が十四歳で彫刻をしたこと、一三世紀にフィレンツェで発行された金貨「百フロラン」がヒバート・コレクションで幾らの値がついたか、絵に布を裏打ちして強化する技法や画布の移植の技法、アニバル・カラッチ[*8]のニスの使い方まで詳しく知っていて、ティントレット[*9]が茜《あかね》の染料をどのように使ったか、何時間も話すことができた。

どうしても欲しいものがあると、わたしに買わせまいとして、ぬかりなく先回りをした。車の中はスーツケースや絵画やイタリア陶器、オレンジ、一八世紀イタリアの挿絵本、ミニチュアの馬槽《うまぶね》などでいっぱいだった。

わたしは二組のセール夫妻と旅行をしたことがある（はじめはミシア、次はセールが彼女と離婚したので、ラッシー・ムディヴァーニと）。二人の妻は性格がまったくちがっていたが、ジョジョであれ、マイキであれ――これは二度目の妻がつけたサルみたいなニックネームだが――とにかく彼は稀にみる素晴らしい道連れだった。セールは小者ではなかった。ひとのうわさ話など興味がなかった。彼はただ自己表現のためにのみ生きていた。タイターンのように巨大で、豪快で、ロココ的なその作品をもってしても彼の人格を表現しつくすのは無理だ。セールは巨大なもの、何キロメートルもあるような壁画、幾つもの城を埋めつくしてしまうような作品しか手がけず、細筆をせっせと動かして壁画を描いてゆく。注文をとるのにはとても熱心で、注文させるようにしむけるのがうまかった。スペインのヴィークの大聖堂の壁画などは、気に入るまで三度もやり直す始末だった。貪欲に人生に身を投げ出し、それでいて洗練されたセンスもそなえていた。

わたしたちはローマに着いた。死ぬほど疲れていたが、ぜひ見にゆきたいというので、月明かりの下をくたくたになるまで歩いた。コロセウムで、トマス・ド・クインシー[*10]を引きながら、建築について、この廃墟で今も催される祝祭について、素敵な言葉を語った。

――君が見ているのは、純金でできた係留気球ですよ、マドマシェル、建築は厳密だが、それにひきかえ、ここには空中にただよっている何かがある……。建築、それは都市の骨なんだ。骨、これが鍵なんですよ、マドマシェル、骨のない顔は永らえない。だからね、マドマシェル、きっとあなたはとても美しい死に方をしますよ……

セールは巨大な小人であり、背中の瘤のなかに、まるで魔法の籠のように、金と汚物、すさまじい悪趣味とえもいわれぬ洗練、素敵なものとぞっとするもの、ダイヤモンドと糞、善良さとサディズム（コクトーは彼がこうのとりの嘴を切ったと言っていた）、肯定できるものとできないもの（ウイのセール、ノンのセールとコクトーは言ったものだ）をごたまぜに同居させていた。とほうもないスケールの美質と欠点をあわせ持っていた。セールといっしょに「宝くじに当たったら何を買うか」と言って遊んだのを覚えている。不可能が好きなセールは言ったものだ。

——ぼくはセールに製作を依頼するよ……ミニチュアをね。


こんなセール氏の絵画について語るのも不可能だ。あの巨大な足場、骨の折れる製作（というのもセールは下絵を大切にするたちだったから）、金と銀をあまるほど使いながら、それでもまだ絵が貧しいと言って嘆く。まるで黒すぐりのジャムを塗るようにたっぷりした絵具の使い方、膨れあがった筋肉、捻じ曲がってただならぬ様相をした人物群、荒々しいフォルム、そんなものを前にして、わたしは混乱し、喉まで出かかった誉め言葉を口にすることができなかった。

——あなた、こういう絵、好きじゃないんでしょう。でも彼に気づかれないようにして。


ミシアがわたしにささやいた。

——マドマシェル、ピカソはデッサンを知りません……このオルヴィエットのワインは飲んじゃいけない。三リラもしない安酒ですよ……一八九三年もののシャトー・イケムにしておきなさい。いや、この素晴らしい芳香をかいでごらんなさいよ！　イケムの殿様といえば、祖先にあのモンテーニュがいますが、一七八五年、この葡萄畑をリール・サリュス侯爵（その祖先には、悪魔を誘惑したあのかわいいグレジリディスの夫君がいる）に売ってしまったんです。悪魔といえば、レオナルド・ダ・ピストイヤの描いた悪魔の絵を見せてあげましょう。魔女なんですよ、マドマシェル。アリアーノの司祭ディオルネド・カラファがピストイヤに依頼して愛人の肖像を描かせたのです、その肖像画が悪魔の姿をしているんですよ……。

こうして彼の博識は次から次へと果てしなく続いてゆくのだった。

カタロニア人は、とかくマドリッド政府と良くない関係にある。ところがカタロニア人セールは、誰が政局についてもいつも政府当局とうまくいっていた。それどころか彼は外交官の乗る車を乗りまわし、情勢に応じて家に掲げる旗を共和国の旗にしたり、黄色と金色の旗にしたり、うまく使いわけていた。セールは水と油、対立する二つを両立させるすべを心得ていたのだ。ヴィッカース家[*11]の室内装飾を手がけたかと思うと、エッセンの行政府のホールもみごと自分の作品で飾っていた。ロスチャイルド家も客の一人で、ロスチャイルドがセールの食費を持ち、ドイツ人がアトリエの暖房費を持つといった具合だった。呉越同舟でも芸術はかまわないというわけである。セールは大きな家に情熱を抱いていた……語のあらゆる意味での大きな家に。サッスーン家[*12]、リポン夫人邸[*13]、サクストン一門、国連本部、フォーシエ・マニャン家、ニューポートのヴィラ、パーム・ビーチの宮殿――これだけ手がけても、セールの巨大なスケールの創造的才能にとってはまだ狭かった。

＊1　セール（スペイン語読みセルト）（ホセ・マリア）　1876-1945　バルセロナ生まれの画家。ミシアと結

婚してパリに住む。スペイン、イギリス、アメリカの富豪邸から官公庁まで、各地に巨大な絵画をのこした。スペインのバルセロナ州のビークにある大聖堂のフレスコ壁画も代表作の一つとして名高い。

＊2　**ウッチェロ**　1397-1475　イタリアの画家。鳥の描写に優れていたので「鳥」＝ウッチェロと呼ばれた。

＊3　**ヴェロネーゼ（パオロ）**　1528-88　イタリア・ルネサンス期の画家。代表作に「レヴィ家の饗宴」など。

＊4　**パルミジャニーノ（フランチェスコ・マリア・マッツォーラ）**　1503-40　イタリアの画家。パルム生まれ。マリエリスムの優美華麗な画風で知られる。代表作に「長い首の聖母」「薔薇の聖母」など。

＊5　**ボルトラッフィオ（ジョバンニ・アントーニオ）**　1466-1516　イタリア・ルネサンス期の画家。代表作に「聖母子像」など。

＊6　**メッシナ（アントネロ・ダ）**　1430頃-79　一五世紀のイタリア画家。代表作に「聖セバスチャン」

＊7　**デューラー（アルブレヒト）**　1471-1528　一五世紀ドイツの代表的画家・版画家。

＊8　**カラッチ（アニバル）**　1560-1609　イタリア画家。

＊9　**ティントレット**　1518-94　ヴェネチア派の代表画家。

＊10　**ド・クインシー（トマス）**　1785-1859　イギリスの随想家。代表作に『阿片常用者の告白』がある。

＊11　**ヴィッカース家**　一九世紀イギリスの製鋼業者。

＊12　**サッスーン（フィリップ）**　1888-1939　イギリスの政治家。絵画のコレクターでもあった。著名な実業家兼政治家を父に、ロスチャルド家の娘を母にもつ名望家サッスーン卿はロンドン北部の豪邸に時の名士たちを招いてもてなした。

＊13　**リポン夫人**　一九世紀イギリスの陸軍大臣の娘に生まれ、ロンドン社交界の花形となる。ロンドン・オペラの創立に尽力し、オスカー・ワイルドの賞賛の的だった。

7　ミシア

――こんなボッティチェリやダ・ヴィンチ、やめてちょうだい、汚いわ、なんて匂いなの！　それより珊瑚を買いにゆきましょうよ、中国ふうの木の置物を作るのよ。

ミシア[*1]がわたしに言う。


セールを語るということはミシアを語るということだ。

ミシアはわたしの唯一の友だった（わたしは彼女に愛情を抱くというより、傾倒していたといっていい）。だからわたしがミシアをどう見ていたのか、わたしにとって彼女はどんな存在だったのか、彼女は何者だったのか、すべて話したいと思う。ミシアに出会ったのは、わたしが悲しみのどん底にいる時だった。ある種の香りが蜜蜂をひきつけるように、悲しみというものは人間をひきつけるものだ。

わたしたちは二人とも他人の欠点しか好きになれないという共通点をもっていた。欠点だらけのミシアは愛する理由に事欠かなかった。彼女は自分が理解できないものにしか愛着を抱かない。そのくせ、たいていのことは理解している。ところがわたしは彼女にとっていつまでも不可解な存在だった。だから変わらぬ友情が続くのだろう。ときどき裏切られることもあるけれど、しばらくすると、またいつもの友情がもどってくる。ミシアはめったにいないたちで、女とある種の芸術家にしか好かれないタイプ。パリのミシアは、まるでヒンズー教の神殿のカーリー女神さながら、破壊と創造の女神だった。ミシアは知らぬ間に種をまいたかと思うと、その種を潰してしまう。そんな彼女をエリック・サティは「皆殺しの母」と呼び、コクトーは「天使のいたずらっ子」と呼んでいたけれど、それはまちがっていると思う。確かにミシアは創造はしなかったが、見えないところで創造に貢献し、創造をうながす発光虫のような存在だった。

彼女のなかでこうした才能は無意識のものだったかもしれない。けれども、破壊と眠りが好きなアジア的な資質だとか、嵐の過ぎ去った後の廃墟で安らかに眠れる精神といったものは、あきらかに意識的なものだった。

ミシアには節度のセンスがまるでない。「明晰なるフランス的理性」とか「なだらかな丘陵の青い地平線」といった明晰さなど、このポーランドの草原の放浪《ノマド》の民には何の意味ももっていない。

ミシアは、成功にたいする激しい欲望と、挫折にたいする深く冒瀆的な情熱をもっている。自分のためにやるのは大嫌いだが、これと思った相手のためなら、たえず戦術を労し、ぬかりなく広告戦略を駆使する。

ミシアはわたしを愛している。セルジュ・リファール[*2]に言われたことがあるわ。「わかっているかい、ミシアは君に、ほかの誰にたいしてもやらないことをやっているんだよ」。確かにそれはそう。彼女は切にわたしの愛情を欲しがっていた。彼女のその愛はまちがいなく深く寛い心から来ているのだけれど、そこにはまた、自分があたえるすべてに毒を盛りたがる悪魔的な快楽が混じっているのもまちがいない。うわべしか見ない人たちはミシアのことを「すこぶる知的」だと言う。だけど、もし彼女がそのとおり知的だったら、わたしはミシアを愛したりなどしなかったはずよ。わたしは「すこぶる知的」な女にふさわしいほど知的じゃない。ミシアはこう言うわ。「わたしたちは知的だという評判をちゃっかり頂戴しているのよね」

ミシアは、巻き毛の髪に短いスカートをはいていた十五歳のときから、トゥルーズ゠ロートレック[*3]やルノワール[*4]、ヴュイヤール[*5]、ボナール[*6]といった画家たちのためにヴァルヴァンで娼館の女のモデルをつとめた。それから、ピカソ、ストラヴィンスキー、ディアギレフ[*7]にいたるまで、ミシアは大芸術家たちに囲まれて半世紀を生きてきたけれど、自分には何の教養もなかった。つ

パリのアパルトマンのミシア・セール。ミシアは20年代パリ社交界の女王であり芸術界のミューズだった。ミシアはシャネルに数多くの芸術家たちを紹介し、生涯にわたる親交を結んだ。写真ホルスト

いぞ本を開いたりしたこともない。

――この本、読んでみたら、ミシア。

――なんで？　いったいあなた、いつ読む時間があるのよ。

彼女は手紙さえ読まない。

彼女は同時代の大芸術家の上に君臨したあげくに、彼らを失ってしまった。なぜなら彼らは創造者だからで、彼女は彼らを酸欠状態にしてしまうのだ（その後も彼女が彼らに会ったのは、もしかしてわたしが彼女ぬきに彼らに会わないかと見張るためだった）。彼女は彼らから魂と才能を奪い、あの中国の木に葉がないのと同じように、彼らがただ彼女のためだけに生きて欲しいと願ったのだ。

――ああ！　何て長いの！

ある日バイロイトで「パルシファル」を聴きながらミシアが文句を言った。

隣の席のドイツ人がカッとなって振り向いた。

――長いですって、マダム、あなたが短すぎるのじゃないのですか？


ミシアはいびつな精神の持主だった。友情に目がくらみ、愛につまずく。だけどそのことに苦しむには十分に知的だから、愛すべきひとになった。偉大なものに憧れながら、そのそばに並びたいと願い、媚び、へつらい、あげくに相手を下にひきずり降ろす。芸術に在る崇高さといったものは、それにともなう魂の深い平安ともども、おじけづいてしまうのよ。もしも美的センスがノンと言うことだとしたら、ミシアはまさに美的そのものだったといえる。

この永遠のノンは、当然のように相手の憤怒を呼びおこし、おかげでミシアのまわりに残るのはガラクタばかり。汚らしい小物やら、あやしげな品々、性別も定かでないような妙な人たちばかりが残る。ミシアが好きなのは、どちらともつかない真珠色のものだけ。きっと瓶が海を恋しがっているのね。彼女の贅沢は贅沢の反対。ミシア自身がまさに生きたノミの市《いち》なのだ。

だとしたら、なぜ彼女はわたしが好きなのだろう？　くりかえしになるけれど、それは彼女が決してわたしを破壊できないから、つまりわたしの愛を試せないからよ。「彼女はあなたが好きなんですよ、マドマシェル」とセールが言っていたわ、「どうしてもあなたのことが全部はわからないからです」って。ミシアはわたしという女がつけた鎧《よろい》の隙間をどうしても見出せなかったのね、ちゃんと隙間はあいているのに。半世紀もの間、果実のまわりをぐるぐる回りながら中に入れない虫と同じこと。ポーランドの草原とフランスの田園は同じようにはできていないのよ。ある日ヒットラーがラヴァル[*8]に言ったものだった、「首相、ポーランドに欠けているもの、それは中央山地《マシフ・サントラル》です」

ミシアはわたしを愛していると心から信じているけれど、その愛は恨みなのよ。わたしに会うと不幸になるくせ、会わないではいられない。わたしの方から愛情を示すと夢中になって、何にもかえがたい悦びにひたる。わたしとピカソの間を裂いておいて、彼女はこう言ったわ、「わたしは彼からあなたを救ってあげたのよ」

ヴュイヤールは、ミシアを愛していたが、その後彼女を大嫌いになった。ヴュイヤールはわたしをモデルにしたいと思った。するとミシアは、それを邪魔するためだけの目的で彼とよりをもどしたのだ。救助犬のセントバーナードが溺れた人を救出するのはいいけど、頭を水につけたまで運んでくるのも同然ね。助けるふりして目的は逆なのだもの。ミシアは語のアルカイックな意味と現代的な意味の両方で、悪意に満ちている。

彼女のやることはすべて計算ずくめ。だけど、割り算と引き算はできても、足し算はできないのよ。

彼女はいろんな塹壕《ざんごう》を掘ってはさんざん楽しむ。何カ月も、何年も楽しんでいて、しかも最後にきて、思いもよらぬ結末にしむけたりする。

ミシアは破廉恥で、正直さのかけらもない。だけど偉大なものにたいしてはたいそう無邪気で、その無邪気さはふつうの女性のそれとは桁《けた》がちがう（厳しい言い方を非難しないで欲しい、わたしこうしたミシアのすべてに憧れたのだから）。たとえばわたしは、失態がこわい。だがミシアにとってはそれがすごい刺激剤で、大好きだった。二番目の夫のエドワーズも三番目のセールも、社会的失態と同じく、彼女にとっては感情の世界での失態と同じものだったのだ。はじめから破局を待ち望み、予見して、じっくりと味わって楽しむわけ。個性のない女性にはこういう刺激物が必要なのよ。ミシアはまさにそういう女性だった。彼女のユダヤ的魂をゆさぶるすべを知っていたもの、それは彼らのようなユダヤ人だったのだ。

女のなかにはすべてがある。そして、ミシアのなかにはすべての女性がいる。彼女は自分の人生を生きるのではなく、ひとの人生を生きている。ミシアは精神の寄生者だった。彼女の優しさは原子みたいなもので、感情の原子を分裂させてゆく。もしわたしがどこかで退屈していたら、いや、楽しんでいたらなおさらのこと、わたしのところにやってきて言う——もう我慢できないわ！　うちにいらっしゃいよ、いっしょに遊びましょう、と。

ある時、自動車の中で。

——ああ、帰れて良かったわ。わたし、もう少しで切れそうだったの。

ミシアは第一級のエンターテイナーだから、後にした場所をたちまち忘れさせ、生き生きとして、素晴らしくなり、彼女の美質のすべてが輝きはじめる。

ミシアの持っていた最大の美質、それは決して人を退屈させなかったことだ、自分はいつも退屈していたくせに。


彼女を楽しませるために——わたしに関することはみな彼女を楽しませたから——そして彼女の好奇心をかきたてるために、わたしは偽りの恋をでっちあげ、ありもしない情熱をつくりあげる。するとミシアはいつもひっかかってしまう。

トリエステでヨットを浮かべていた時のこと、打ちあけ話をする時間だった。

——ねぇ、ミシア、わたしヴェネチアに帰るわ、苦しくてたまらないの。あるひとに夢中なのよ。わたしを憎んでいるひとなのに。

恋の悩みはミシアを夢中にさせた。

——あなたが恋に苦しむだなんて！　どうしてもっと早く打ちあけてくれなかったの！

わたしは手の内を見せて、大声をあげる。「エイプリール・フールよ」あるいは、こんなふうに言う。「ねえ、あなたが退屈していたから、こんなロマンスをでっちあげたのよ」ミシアはがっくりしてしまった。

それから数日後、ヴェネチアで、わたしはパラチフスにかかって死にそうだったが、がっかりさせられて怒ったミシアは見舞いにさえ来なかった。

また別のとき。

――言わないと誓ってくれたら、ミシア、秘密を打ちあけるんだけど。

――話して！　話して！

――わたし……わたしね、英国皇太子と結婚するのよ！　絶対言わないでね！

――わたし……わたし、あなたといっしょにいるわ、もしあなたと離れたら、全部言ってしまうもの！

ミシアは善良でも意地悪でもない。人間らしい弱点をもっているだけのことで、それが生来の強さにもなっていた。彼女はひとの悪口を言わずにはおれないたちなのだ。彼女の家に招かれたら最後、良い気分では帰れない。言われた悪口がひっかかるからだ。彼女が優しいのは、相手が苦しんでいるときだけ。惜しみなくつくしてくれるが、それは相手をもっと苦しませるため。

それでいてミシアは誰かに何か言ったり、他人に悪いことをしたりすると、たちまちこわくなって、真っ先に犠牲者のところへかけつける。たっぷり愛情を注いで、相手のためを思ってしたことなのよと言い訳をする。要するに先を越すのだ。朝から彼女がやって来ると、わたしはこう言って迎えてやるわ。

――昨日、わたしのことを何て言ったのよ！

わたしだって、友達に嚙みつくことがある。だけどミシアは友達を飲みこんでしまう。

ミシアは真実を言うときでさえ、かならず面白い言い方をする。わたしはひとにあれこれきくのが嫌いだから、ミシアがひとを詮索するときの破廉恥さには感心してしまうわ。ミシアの悲劇、それは彼女がすべてを台無しにしてしまうということだ。ひとを台無しにしてしまったあげく、自分も駄目にしてしまう。とはいえミシアが駄目にしてしまう相手は、なるべくして駄目になった人間だけ。偉大な男たちはみな、まさに偉大であるがゆえに、ミシアから逃げてしまう。彼女に残されるのは、自分が破壊したもの、つまり無にひとしいものだけ。ヴェルデュランスカ夫人[*9]に残されたことはただ一つ、在りし日の自分をロマンスに仕立ててムッシュ・ブウロスの目をくらますのみ、というところね。

フランスには、さしものミシアも歯のたたない花崗岩もあるわ。叔母のアドリエンヌ・ド・ネクソンはわたしの近くに住んでいるけど、ミシアについてこう言ったのよ。

――わたし、「あなたのポーランド娘」とお茶をしたわよ、訪ねてきたから。

――わたしのポーランド娘？

――そうよ、朝からサテンの靴なんか履いているあのひとのことよ……嫌なひとね。わたしにとりいっては何か聞き出そうとするのよ、こう答えてやったわ、「あなた、わたしを情報局だとでもお思いなの？……」って。あなたも変な友達をもっているのね……あんな育ちの悪い外国人をどうして気に入ったりできるのよ？

＊1　**ゴブデスカ（ミシア）**　1872-1950　ポーランド生まれ。幼くして母を亡くし、フランス生まれの父とともに少女時代からパリに住む。最初の夫は、芸術雑誌『ルヴュ・ブランシュ』を主宰したタデ・ナタンソン。ミシアはその芸術サークルのミューズとなったが、離婚して富豪の実業家エドワーズと結婚。この結婚も長く続かず、スペインの画家のホセ・マリア・セルトと結婚する。フォーレが彼女の音楽の教師を務めたこともあり、ルノワールやボナール、ヴュイヤールなどの画家のモデルにもなり、ディアギレフとも終生親交を結んでロシア・バレエを支援する。二〇年代パリの社交界の女王だった。シャネルを社交界に紹介したのはミシアであり、二人は生涯にわたる友情を結んだ。
＊2　**リファール（セルジュ）**　ロシア・バレエの舞踏家。9章注＊20（120頁）参照。
＊3　**トゥルーズ＝ロートレック**　1864-1901　フランスの画家。モンマルトルに住み、好んで娼婦を描いた。
＊4　**ルノワール**　1841-1919　印象派を代表するフランスの画家。肖像画家でもある。
＊5　**ヴュイヤール**　1868-1940　フランスの画家。室内画や肖像画で知られる。
＊6　**ボナール**　1867-1947　フランスの画家。ミシアの前夫タデ・ナタンソンが発行した芸術雑誌『ルヴュ・ブランシュ』の挿絵も描き、しばしばミシアをモデルにした。
＊7　**ディアギレフ**　9章注＊1（118頁）参照。

＊8　**ラヴァル**　1883-1945　フランスの政治家。ナチス占領下のヴィシー政権で首相をつとめる。

＊9　**ヴェルデュランスカ夫人**　プルースト『失われた時を求めて』の作中人物ヴェルデュラン夫人をもじったものだと思われる。プルーストの描くヴェルデュラン夫人は、名門貴族の社交界に対抗してサロンをひらき、新興勢力のブルジョワたちや芸術家たちを招いて、そこに君臨し、「小グループの女主人」と呼ばれている。彼女のサロンは歳月とともに栄え、率先してロシア・バレエの後援を買ってでた先駆性のおかげでストラヴィンスキーなどの時の花形を迎えるまでになってゆく。シャネルはミシア・ゴブデスカの姿をここに重ねて「ヴェルデュランスカ夫人」ともじったのではないだろうか。ヴェルデュラン夫人はサロンの常連の画家（モデルはモネともホイッスラーとも言われている）を「ムッシュウ・ビッシュ」というあだ名で呼ぶが、「ムッシュウ・ブウロス」はこれのもじりで、おそらくミシアの晩年の友人ブウロスを指すものと思われる。

8　ふたたびパリ

こうして数カ月間、自由時間を過ごしたわたしは（そういえば数年来バカンスをとっていなかった）、ふたたびパリに戻った。ホテル・リッツ[*1]に身を落ち着けて、六年間、そこで過ごした。

またしても独裁者の生活が始まった。わたしは成功し、そして孤独だった。休暇のおかげですっかりくたびれていた。閑暇ほど疲れるものはなく、働くことほど気の休まるものはない。働けば働くほど、もっと働きたくなった。

わたしは誰の指図も受けつけないようにできている。ただ恋愛は別だけど……。わたしの留守の間も何一つ変わったことはなかった。その後もときどき店をあけたが、何か変わったことが起こったことは一度もない。ほかのメゾンでは五十人もの主任や副主任がいるのに、うちには「マドモアゼル」一人だけ。「わたしが発つと、あとに残るのは泣き女だけ」というわけよ。わたしは他人の自由をたいそう尊重するし、自分の自由も尊重してもらいたいと思っている。ところが人間というものは自由という恵みにおじけづいてしまうのね。みなのことを言っているのだけど。

わたしは新しい社会のために働いた。それまでは、何もすることがなくて暇がある女たちや、メイドに靴下をはかせてもらうような女たちが服を仕立てさせていたわ。わたしの客になった女性たちは活動的だった。活動的な女には楽な服が必要なのよ。袖をまくれるようでなきゃダメ。美しさは弱々しさとはちがう。大勢の母親が娘たちにしなをつくることばかり教えて、美しくなることを教えないのはなぜなのだろう。確かに美は一度でわかるものじゃない。だけど経験をつめばわかるわよ、美は逃げ去るものだということが！　そこに女のドラマの一面がある。女のドラマはまたほかにもたくさんあるけれど、小説家も「女性心理に明るい」とおっしゃる方々も、とんとご存知ないのよね。

（わたしの毒舌をゆるして欲しいわ。女を女神みたいにほめ讃えるのでなく、あるがままに見るには勇気が要る。まして、それを口にするのは！）

たとえば、男はたいてい歳とともに良くなってゆくが、女の方は悪くなってゆく。中年の男の顔は若いときの顔よりずっと美しい。年齢、それはアダムの魅惑であり、イヴの悲劇だ。

女は年をとるのが下手。たとえば、ほら、あのひと、脚を上げているでしょ、浜辺でパラソルを広げて、強い陽の下でからだを鍛えているのよ。

――なんてみっともないひと。

なんて言ったりすると、こういう答えが返ってきたりする。

——わたしの祖母です。

年をとった女は、日ごとに以前より自分にかまうようになる。ところが、罰当たりというあの悪魔の仕業のとおり、自分にかまうのはいちばん老けこむことなのだ。専門医のところに通って治療をうけている婦人なんて嘆かわしいかぎり。暗いところでふかふかの安楽椅子に身をもたせ、何時間もじっとしていたりして。いちばん汚い皺、つまりエゴイズムという皺が皮膚に刻みこまれて、もう手のつけようがない。お愛想を言って、「彼女は天使だ」なんて言ってもしょうがないわ。そんなお世辞も天使を老けさせるだけなのだから。(「天使」についてはまた後で話すつもりだけど)。たるんだ皮膚を叩いたりしても無駄、内面を磨いた方がよほどましよ。

確かに現代の女は二十歳は若くなった。ものすごいエネルギーを持続できるし、死んだりしそうにもない。だが、自然はいつも努力を凌駕する。

——昨夜、ポーリーヌは何と美しかったことか!

習慣でひとはいつもそう言う。誰もあえて言わないし、考えもしないのよ。

——いや、彼女は老けて、醜い。

なんて。

美しさは永続する。だが、ただきれいなだけというのは長く続かない。ところがどの女も美しくなろうとしないで、きれいでいたい、きれいにと、そればかり。

自分のことで泣くというのは、自分たちの内に生き続けている子どもを優しくあやしてやることよ。その子どもは自分以外の誰にも関心をもっていないわ。真の秘密、それは肉体的な美しさを精神的な美しさに変える軽業よ。それこそ唯一の秘策なのに、それができる女はほとんどいない。

せめても絶望していれば、まだしも救いがあるけれど、彼女たちときたら自信たっぷりなんだから！

絶望した女なんて存在しない。

――わたし、ちょっとだけ太り気味なの……

――わたし、そんなに太ってないわ……

すると若い人たちが彼女たちの自分だましの安心感を助長する。そうなるとおしまいよ。若い人たちのお世辞は気持ちが良いもの、ただし、それを真にうけないことね。真にうけてしまったら、命取りよ。

そもそも、若いか年をとっているかということより、良い方にいるのか悪い方にいるのかが問題だ。わたしはそれを、良い絵かまずい絵かというふうに呼んでいる。絵というのは独創的だし、役にたつし、いつまでも消えないわ。もし誰にも教えてもらわないように心がければ、どんな人間でも独創的で興味深いものよ。良い絵なら、汽車のなかでも移民の輸送列車のなかでも、どこにだってある。だけどそれを見るための眼、読む眼が要る。女たちがだめになるのは、彼女たちが習って覚えてしまっているからだ。美しい女を駄目にしてしまうもの、それは習い覚えたということなのだ。きれいであるだけでなく、どうすればきれいになるのかをひとから習ってしまっている、それが駄目なのよ。

肉体的なケアのことはあれこれと言われる。だが精神的なケアはどうなったわけ？　美容というのはまず心と魂から始まるべきよ、でなきゃ化粧なんて何の役にもたたない。

精神的なおしゃれ、魅力的なあり方、趣味、直観力、人間の生き方の内面的なセンス、こうしたものはどれ一つとっても、習って覚えられるものじゃない。わたしたち人間は小さいときからすっかりできあがっている。教育は何も変えられない。教師をつけたって無駄よ、教師は人間を（ことに女たちを）育てるより駄目にしてきた方がはるかに多い。クレマンソー[*2]がポワンカレについて言った言葉がまさにそれを語っているけど、これからもその通りだと思うわ。いわく、「彼は何でも知っているが、何一つわかっていない」。ブリアン[*3]について言った言葉も裏返しの真理ね。「彼は何も知らないが、すべてをわかっている」

もうひとつの公理。知的な女はいるが、クチュリエのところで知的な女はいない（道徳的な女もいない。一枚のドレスのために女は魂を売るだろう)。

年とった女にはもはや鏡は存在しない。彼女は鏡のかわりにうぬぼれをもってくる。確かに五十代になるとすべてが難しくなるというのは本当だ。銀髪になったとても知的な女性がわたしに言った。

——もう若くないわ、死ぬまで着れるような制服をつくって欲しいわ。

わたしはこう答えた。「そんなことはできないわ。年をとった女こそ流行のものを身につけるべきなのよ。自分のスタイルでいても良いのは若い娘だけよ」

女は、自分の歳とともにではなく、時代とともに老いてゆくべきだ。ひとは言う。「これをお召しになったら」と。(その意味するところは、「この黒い服なら、もっと美しい余生を過ごせますよ」ということよ)。だが女は耳を貸そうとしない……。年とった女の悲劇は、ある日突然、二十歳のときにスカイ・ブルーが似合ったことを思い出すことだ。

——年とった女のための服をつくってちょうだい。

そう言ったエレーヌ・モラン[*4]に答えたわ。

——年とった女なんてもういないのよ。

サロンは女をあるべき姿で見る。クチュールのサロンは女をあるがままに見る。

——ドラ、デイジー、ドロテア、ディアーヌ、彼女は天使だ！　と、彼女たちの家族は言う。

この天使たちは、夜会に着て行ってみなの称賛を浴びた服を返品しにやって来るのよ。返すとき、こう言うの。わたしが注文したのは赤のビロードのケープだったはずだと。本当は彼女が注文したのは黒のビロードのケープで、注文書にはちゃんとそう書いてあるし、彼女のサインも入っているのに。

天使は友人の仮縫いに連れだってくる。

――この白ビロードのドレスきれいね、だけどそれ、あなたには似合わないわよ……

――わたし、ロスチャイルド邸の舞踏会[*5]のためにつくらせたのよ。

――ねえ、嘘はいわないわ、ルロンの店へ行った方が良いわよ、別人みたいになれるから（けっこうですこと！）。

真にうけた友人は、お願いだからオーダーをキャンセルさせて欲しいと言う。翌日、天使が店に姿を現す。友人の白いドレスが欲しくて眠れなかったのだ。

――あの白いビロードの服、まだあるでしょう、わたしが買うわ、でも半額にしてくださらなければ。バーゲンにして。いいかしら？

天使はいつも「いいかしら？」と言う。

ときどき天使はさんざん試着して見せびらかした後、ファッション・ショーに現れて、客の耳にささやく。

――ねえ、決めちゃダメよ、モリヌー[*6]のコレクションを見てからになさいよ。

「天使」というのはロマンチシズムの最後の名残で、コクトーやジロドゥ[*7]にとってはあれほど大切なイメージだけど、その「天使」の正体をなぜわたしが知っているかと言えば、売り子から聞くからよ。うちの売り子たちはたいていマヌカン出身で、自分の仕事に誇りをもっているし、見事に自分の仕事をわきまえている。聞き上手で、立ったままで聞くし、座った方がよいと思えば座って聞くし。売り子は最良の打ちあけ相手なのよ（女はメイドにだまされやしないかとたえず警戒しているくせに、売り子には全幅の信頼をおいている）。売り子は天使に告白をさせることができる特権をもっている。

——わたし、あの人と別れるべきかしら？

——あの人、わたしを愛しているかしら？

——ヴェラはあの人についてどう言うかしら？　いったい良いことなのかしら？　（ほかにもまだ、生々しいことやら、天界のことやら……）

彼女たちが売り子に自分の人生相談をしている間（女はみなおしゃべり好きよ）、売り子は売ろうにも売れないし、仮縫係りは待ちぼうけ。五階には三人の縫い子たちが待ち続けている。だけど天使は自分のことしか考えない。天使は時間の値段なんか知らない。天使はぴったり身に合うドレスをあつらえている。ところが彼女は、優雅な昼食会の席でこう言いたいのだ。

——シャネルの店に寄らなきゃいけないの。

というわけで彼女は、必要もないのにもう二、三度試着に来る。天使はただのサディズムから、別の階で服を売ってノルマを果たそうとしている売り子の邪魔をして、一日中売り子を放さないこともある。

試着室でのこういう話はこれぐらいにしておこう。

とにかくわたしはクチュールというものを少しは偉大なものにしたと思っている。わたしがこんな話をするのはそれを言いたいからで、悪口を言いたいわけじゃないのよ。

結論として言えば、女性相手の商売をしてみないと、女とは何かなんてわからないということ。天使なんて何の良心もなくて、残酷そのものよ。

天使はひとに気に入られたいなんて思ってやいない。考えているのはお金のことだけ。わたしのことを女性実業家だと思っていて、証券取引の予想をたずねた天使もいるのよ。こう答えてやったわ。

――わたしはアノー夫人[*8]じゃありませんわ。

一九一四年以前にいちばんの美人だったマルト・ルテリエ[*9]はイギリスの株式市場のことしか考えてなかった。

J侯爵夫人も、貴族なら宮仕えが本務、王妃の傍つきの床机が大事なはずなのに、バーの腰かけの方が大切なのよ。それでも夫人は天使なの。取り巻きはみな口をそろえて誉めそやす。だけど天使は決して現金払いをしない（わたしたちの仕事では、現金払いとは一シーズン遅れで払うことだけど）。天使は男という法王様のお金で支払うのよ。

未亡人になると（というのも天使には性別があるでしょ）、天使は喪服に身をつつんで、大晩餐会をひらく。

――主人はわたしが退屈するのをとても嫌がっていましたの……

あるいは、

――ディナーにいらして。主人のことを話しましょうよ……

神学者の天使もいる。

――信仰の教えでは、泣いちゃいけないんですの……

男にはまだ純真なところがある。だけど、女にはまったくない。天使ときたら何でもできるわよ。誰にも殺されないとわかっているのね、不死身だから。牢屋にも入れられないし。翼があるものね。

社交界は、（マリー＝アントワネットやウジェニー后妃の時代には稀に例外もあったけれど）、クチュリエの店から届いた箱は開いても、クチュリエ自身には門を開かなかった。大戦後は、先に言ったとおり、わたしは社交界でひっぱりだこだったわ。全パリが知っていることよ。しきりに招かれたけど、わたしはそうは簡単には姿を見せなかった。相変わらずわたしは夜は決して外出しなかったから。わたしが参加した大晩餐会やレセプションは指で数えられるほどよ。それから十年もたつと、わたしの同業者たちはよく社交界に出かけるようになった。もう十年もすれば、店のサロンにいるクチュリエなんてほとんどいなくなってしまうでしょうよ。社交界のサロンにいるクチュリエしかいなくなって、ディオールの舞踏会だとかパトゥ*10のカクテルパーティなんかにひとが集まるようになるわ。

とにかくわたしはあまり外出しなかったから、わたしのつくった服を着た婦人が出入りするような家でどんなことが起こっているのか、誰かから情報を得る必要があった。だからわたしは、そんなこと前例がないけど、歴《れっき》とした人たちを側において、わたしと外界、内と外を結ぶ必要があったのだ。社交界のイギリス人や、ロシア、イタリア、フランスの貴族たちが使命を果たしにカンボン通りにやって来た。わたしはアナキストだというううわさがたち、身分のある人たちに命令を下して彼らを貶《おとし》めては意地の悪いよろこびを味わっているのだとうわさされたわ。ほかにもまだいろいろ馬鹿げたうわさが飛び交ったわよ。

ロシアバレエは踊り子たちを舞台で跳びはねさせた。一九一七年のロシア革命はロシア全体を吹っ飛ばし、パリは亡命者でいっぱいになった。彼らはがんばって働きだした。ちょうど一七九三年のフランス革命でわが国の亡命貴族がロンドンやペテルブルグで働きだしたのと同じことね。わたしはそうしたロシア人を何人か雇ったけれど、生まれの良い王侯たちをみると、いつもかわいそうに思う。彼らのやる仕事は何でもいちばん哀しい仕事で、仕事をしていないときは、もっと哀しい。またちがった面からみても、ロシア人はわたしを魅了する。あらゆるオーヴェルニュ人のなかには、自分では気づかない一人の東洋人がいる。ロシア人はわたしのなかの東洋人を目覚めさせるのよ。

「すべての女は自分の人生に一人のローマ男を持つべきだ」と言われるけど、わたしはこうつけくわえたい、「すべての西洋人は《スラブの魅力》」に屈してみるべきだ」と。そうすればその魅力がわかるから。わたしは夢中になったわ。「君のものはすべて私のもの」という彼らの考え方にはうっとりさせられた。スラブ人はみな育ちが良くて、自然で、どんなに貧しい人だって決してありきたりじゃない。

フォードロヴナがカンボン通りに働きに来た。ある日、彼女が泣いているのを見た。涙ながらにわけを話した。借金がかさんで、返すためには怪物の餌食《えじき》にならなければならないと言う。皺だらけで、口が垂れ下がった、ぞっとするような石油王が相手だとか。二つの不名誉のあいだで、彼女は男に身を売る方を選ぶというのだ。

——いくら要るの？

——三万フラン。

——抱くのに三万フランとは高いのね。でも、抱かれなくていいようにしてあげるわ。さあ、ここにある三万フラン、貸してあげるわ。

（わたしは「貸す」と言ったけれど、返ってくるとはまったく考えてなかった。ロシア人には金は貸さないものよ。だけど、あげるというと良くないことが起こるからそう言うのよ。小さな贈り物は友情を育むが、多額の贈り物は友情をむしばむものだ)。

数日後、フョードロヴナの家に招かれた。寄木張りの床に紫の薄明かりが影を落としてバラライカの楽器の音が響き、ガラスの深皿にはキャビア、水差しにはウォッカ、ジプシーの音楽隊。要するに、ロシア人がどこにでもつくりだすのが好きなあの夜の雰囲気だった。わたしはうっとりした。友達がコーカサスの怪物の魔の爪を逃れたのだと思うと本当にうれしかった。それにしても、この夜の贅沢は、もしかしてわたしの貸してあげた金のおかげではないかしら?

——あなた、あの三万フランをあの男にくれてやったの?

——だって、どうしろと言うの……わたしはあまりに悲しくて……まずはじめに少しは自分を楽しませようと思ったの……。お金はとっているわ……。このキャビアはそのお金で買ったものだけど……

お金は返ってこなかったわ。だけど、しばらくして、石油王といっしょにいるフョードロヴナを見かけたわよ。彼にぞっこんだった。だけど、そのうち別れて、あるチェコスロバキア人といっしょになったわ、もっとぞっとするような怪物だったけど。

＊1　**ホテル・リッツ**　ヴァンドーム広場に建つ名門ホテル。世界の名士たちの定宿。作家プルースト愛用のホテルでもあった。裏手はカンボン通りに面していてシャネルのメゾンとは至近距離にあり、シャネルは

一九三四年からこのホテルに居を定める。一九五三年にスイスからパリにカムバックしてからもリッツの別の部屋に住み、そこで最期をむかえた。

＊2　**ポワンカレ**　1860-1934　フランスの政治家・弁護士。

＊3　**ブリアン**　フランスの政治家。14章注＊3（148頁）参照。

＊4　**モラン（エレーヌ）**　ポール・モランの妻。パリ生まれ、ギリシア――ルーマニア系の大公妃で、パリ社交界に名高い貴婦人の一人。外交官モランはルーマニア駐在中に妃と知りあった。なお、モランの『日記』には、ここでのシャネルとエレーヌとの会話の思い出が次のように生き生きと記されている――一九三五年の夏、パリの自宅の庭での晩餐。ココ、マンデル、わたしがブリッソンに推薦したエコール・ノルマルの青年、エチエンヌ［ド・ボーモン伯爵］夫妻がいた。エレーヌがシャネルにむかって、「わたし、もう歳よ。年とった女のための服をつくってちょうだい」と頼むと、「年とった女なんてもういないのよ」とココ。「そのとおりだ！」とボーモンが口をはさんだ。「もういるのは若い婦人だけさ。ただ美人じゃないだけで」（一九七四年一一月二日）。

＊5　**ルロン**　1889-1958　シャネルと同時代のパリのクチュリエ。

＊6　**モリヌー**　1891-1974　シャネルと同時代のイギリス人のクチュリエ。パリのロワイヤル通りに店を構える。ハリウッドスターも顧客にしてニューヨークやシカゴのサロンにもよくでかけた。

＊7　**ジロドゥ**　フランスの作家。9章注＊10（119頁）参照。

＊8　**アノー夫人**　2章注＊1（33頁）参照。

＊9　**ルテリエ（マルト）**　ベルエポックに浮名を流した高級娼婦の一人。美貌とともにお洒落でも名高く、ポール・エルーなど当時の肖像画家のモデルにもなり、後に富豪と結婚した。

＊10　**パトゥ（ジャン）**　1880-1936　二〇年代から人気を博した同時代フランスのクチュリエ。スポーツ・ウエアのデザインのヒットでも知られる。

9 ディアギレフ

ミシアはディアギレフ[*1]から離れようとしなかった。二人はたがいにひそかな愛情を抱き、時に意地悪く、時に優しく、時には落とし穴をしかけてふざけたりしていた。セルジュはそこに快楽と自分の世界を見出し、また何かと必要も満たしていた。ミシアにとって、ディアギレフは退屈をまぎらす唯一の薬だった。セルジュを前にすると、ミシアはもうあのふくれ面をしなかった（何しろあのふくれ面は有名だったから）。

ディアギレフと知りあい、その最期を看取った日まで、ディアギレフが休んでいる姿を見たことがない。

——「ペトルーシュカ」を再演すれば何百万も稼げたかもしれないし、「シェヘラザード」で一生食べてゆけたかもしれない。現にほかのやつらはヨハン・シュトラウスの「蝙蝠」やラインハルトの[*2]「奇跡」でそうしているよ。だけどぼくは何より自分が楽しみたいんだ。

重たい指輪をはめた手で大きな黒真珠のピンをまさぐり、パールグレーのネクタイにきちんとはまっているかどうか確かめながらディアギレフは話しだす。バレエの公演が終わった後、少しお腹をすかせてわたしのところへ立ち寄るのだが、シベリア産の毛皮のコートを脱ごうともせず、飾り紐のベルトを締めたままの格好だった。コクトーはこのスタイルのディアギレフをたびたびカリカチュアに描いている。セルジュは白い手袋を取るのももどかしく、チョコレートを一つつまんで口に運ぶ。一つ食べるともうやめられず、一箱空になるまで、もぐもぐと大きな頬と重たい顎を動かして食べ、からだをこわすまで食べ続けては、一晩中おしゃべりをするのだった。

ディアギレフ。天才舞踏家ニジンスキーや作曲家ストラヴィンスキーなど、華麗な才能を従えたディアギレフはモードから芸術までパリにロシア・バレエ旋風を巻き起こした。

ディアギレフはヨーロッパの才能の泉を掘りあてた異才であり、見たこともないバレエとダンスと音楽と絵画を同時に提供したバルザック的天才だった。こめかみの白い房毛をかきあげて、さっそうと姿を現したディアギレフは、西洋に東洋を提供した。スペインではファリャ*3を見出し、ペテルブルグではリムスキー＝コルサコフの幼い弟子を発見した。弟子の名はストラヴィンスキー。さらにアルクイユではエリック・サティを発見した。

彼ほど魅力的な友人はなかった。生き急ぐような生活と情熱、輝かしい伝説とはうらはらに、ぼろを着たまま何日も飲まず喰わずで過ごし、幾夜も稽古に明け暮れては肘掛け椅子で眠り、豪華な舞台をつくるために破産していたディアギレフ。わたしはそんな彼が好きだった。ディアギレフは、輝かしい音楽家たちに輝かしい画家たちを紹介した。毎夜のように「千夜一夜」の旅を求めるスノッブなフランスの大衆にむけて、パリの街角に知られざる魅惑の人材がいることを教えた。そこには、デュカス*4やシュミット*5、ラヴェル、ピカソ、そしてドラン*6がいた。ディアギレフはひとしきりおしゃべりが終わるとモンパルナスに出かけ、公衆の前で芸術談義を始めたかと思うと、興にのって、結論が出るまで白熱の議論をたたかわせる。気前良く、ケチケチしているかと思うと急に浪費家になり、自分がこれから何を始めるのか自分でもわかっていたためしがなく、値の知れない高価な絵をただ同然で買いとっては、他人にあげたり、盗まれるままにしたりしていた。メセナとしてヨーロッパを渡り歩きながら一文無しで、ズボンなど二本のピンで留める始末。ある晩、ヴェネチアの回廊で、わたしたちに幼年時代の思い出を話してくれたことがある。幼馴染みのブノワ[*7]のこと、ペテルブルグの美術学校のこと、父親のディアギレフ将軍のこと、パリ到着の頃のこと、一五世紀から一七世紀の聖人像をそろえたロシア美術展をひらいたり、歴史に名高いロシア音楽のコンサートをひらいたりした、輝かしい時代のことなどを話してくれた。[*8]

——ムソルグスキーね……とミシアが言う（あのふくれ面がまた始まる）。

——もちろんさ、いきなりプロコフィエフじゃない！　はじめは穏やかじゃなくてはね。

食いしん坊で毛のふさふさした猫みたいな彼の様子が目にうかんでくる。分厚い唇をあけて笑っていた。頬は垂れ下がり、片眼鏡の黒い飾り紐が風にゆれ、眼鏡の下の眼は善良そうでしかも悪戯っぽかった。

ロシアはしのび足で近づいてきた。一九一〇年は、甘美なクラシック。「バラの精」とか「レ・シルフィード」とか。それからニジンスキー[*9]が力ずくでパリの扉を押し開けた。まるでハーレムの扉を開けたようだった。薔薇色とモーヴ色でニジンスキーの跳躍を描いたコクトーのポスターがパリ中の壁を飾る。「イーゴリ公」の射手の拍子に合わせて、地が震えた。いったい何が始まったのかと人びとがいぶかしむ……。シャトレ座の廊下では貴族の青年たちが肩を落とし、新時代のスタンダールを気取るジャン・ジロドゥ[*10]は、片眼鏡にかの伝説のバルザックふうステッキといういでたちで、舞台と人気をはりあおうとしていた。エミール・アンリヨ[*11]とヴォードワイエ[*12]は、伝説のダンディ、オルセー伯爵の双子の騎士の扮装に身をつつみ、モーリヤック[*13]はエチエンヌ・ド・ボーモン伯爵[*14]の部隊の青い制服を着て、両腕を組んでいた。ボルドー出身のモーリヤックは、パリジャンのコクトーの成功が妬ましくて夜も眠れない。どんな幸福も田舎出身というコンプレックスを紛らわしてはくれず、舞台に繰り広げられる原色と色彩の調和に呆然とみとれるばかりだった。ディアギレフはといえば、自分の事業に向かってまっしぐらに突き進んでいた。

　彼の事業、それは、たくまずしてパリにロシアを押しつけることであり、ロシアによせる自分の想いを表現することだった。成功という鎖に繋がれた美しい奴隷たちをひき連れて、ディアギレフはトルコの帝王のような独裁をしていた。

　ディアギレフは桁《けた》外れの軽業師であり、才能の再-創造者であり、天才の再創造者だった。もしも彼があるがままのロシア帝国劇場のバレエをフランスに輸入したのだったら、尊敬は得られただろうが、ただそれだけの成功に終わったにちがいない（かつてペテルブルグがパリから借りたものを今度はペテルブルグがパリに返したということで、敬意を払われたにはちがいないが）。だがディアギレフは一枚うわ手だった。彼は外国人むけのロシアをでっちあげたのだ。当然ながら、外国人はだまされた（ペテルブルグが「ペトルーシュカ」や「シェヘラザード」を上演したのはパリからようやく十年後のことだ）。すべては舞台の上のだまし絵であり、舞台では偽りの遠近法が必要なのだ。ロシア・バレエのロシアが劇場で成功をおさめたのは、まさにそれがつくりもののロシアだったからだ。

　このロシア趣味を使い果たすと、ディアギレフは一九一八年に作風を一新し、ダンスにコミカルな要素をとりいれた（マシーンを登用して[*15]「上機嫌な婦人たち」をつくり、ピカソと共に「パラード」や「プルチネッラ」をつくった）。六人組[*16]を使った五年間、ディアギレフは第二の青春を謳歌した。後世にディアギレフの名が残るのは、おそらく「レ・シルフィッド」や「バラの精」の創造よりむしろ、「牝鹿」や「うるさがた」や「船乗り」によってだろう。また、エチエンヌ・ド・ボーモン伯爵に「パリの夜会」のインスピレーションをあたえたり、スウェーデン・バレエを誕生させたりした功績も記憶に残るにちがいない。

移り気で、軽薄で、無節操なディアギレフは、傑作に手を伸ばすべきだということを理解した最初の人間だ。ひとが輪になって踊るのはダンス音楽だけにかぎられない（ベートーヴェンの交響曲にのって踊ったイサドラ・ダンカン[*17]は確かにディアギレフの先達だった）。ピカソの絵、ダダの思想、クローデルの詩、どれにのっても舞踏ができる。ディアギレフにはそれがわかっていた。ボルラン[*18]はこの方向性を突き進もうとして自分で自分の首を締めてしまったけれど、時代の趣向を体現していたディアギレフの方はへまをしなかった。まさしく彼が軽薄だったからだ。一九一三年に上演された「春の祭典」は大騒ぎになりそうだった。まさにあれはわたしたちの時代のエルナニ[*19]だった！

ディアギレフが登場してきてからは、誰もが黒人像に調子をあわせて踊ったり、未来主義よろしく工場の廃墟で踊ったり、美術館で踊ったりした。ベラスケスやベルリオーズにあわせ、バッハやヘンデルにのって踊り、シェークスピアやポール・ヴァレリーの文学にのって踊った。ディアギレフがどんな非難の声を浴びたか、全部知っている。彼のバレエは外面だけだと言われたり、ダンスを他の芸術に従属させているとか言われたりした。それでも、一つだけ動かぬ事実がある。ディアギレフは現代という時代を征服したということだ。しかも、その現代ときたら、ニジンスキーにマシーン、リファール[20]、パヴロヴァ[21]、サハロフ[22]、アルヘンティーナ[23]の時代、ミュージックホールのルネッサンス時代であり、黒人舞踏とリズムの時代、リズミカルな身体の時代だった。おそらくダンスが一度も経験したことのない黄金時代ではなかっただろうか。

ディアギレフの生きている姿が今も目に浮かぶ。何という生き方だったことか。楽譜をめちゃくちゃに切り刻んでは、いいところだけを切り取っていた。それがダンス音楽であるかどうかも知らないで。だけどグルメな彼らしく、ちゃんとおいしいところを切り取っていた。ディアギレフは不可能を可能にしたのだ。それでいて、大きな賭けをはって破産してしまう。そうなるとディアギレフはあの白い房毛をかきむしり、エドモン公妃[24]のところへ駆けつける、それからモード・キュナード[25]のところへも。今晩、どうしても千リーヴルいるんです、債権者が劇場を握っていて、金がないと幕が上がらないんです……そう言いながら彼は手を合わせる。糖尿病のせいであの広い額にびっしょり汗をかきながら。

――公妃のところへ行ってきたんだ。七万五千フランもらったよ！

――夫人はアメリカの大富豪よ。わたしはただのフランスのクチュリエだもの。ほらここに二十万フランあるわ。

そうしてお金を懐に入れると、翌日からまた冒険に飛びこんでゆく。ビザンチン式の激しい恋愛にのめりこんで姿を消し、やがて闇のなか、アメリカ大陸からふたたび姿を現したかと思うと、新しい音楽家と八十番目のバレエをたずさえている。

ディアギレフは時たまスイスで送った波乱の日々のことを話してくれた。一九一四年の大戦のさなか。彼はローザンヌのあるコテージで稽古をしていた。ストラヴィンスキーはラミューズ[*26]といっしょに仕事をしていた。その頃レーニンとトロツキーはレマン湖のほとりで帰国の時を待っていたという。貨物列車に乗りこんで、ドイツ経由でロシアに帰ろうとしていたのだ。そしてやってきた一九一七年。「パラード」と革命。シャトレ座とプチーロフ工場。別々だけれどとても近しいこの二つのロシアをひきよせてみると、わたしには全部一つのことのように思える。

それから年月が流れた。ディアギレフはなおも天才をあてにし続け、乞食が路でタバコの吸いさしを探すように天才を探し続けた。わたしたちの見守るなか、ヴェネチアで、ディアギレフは死んでいった。ザルツブルグから帰ったところだった。ヴェネチアにはカトリーヌ・デルランジエ[*27]、ミシア、ボリス・コフノ[*28]、リファールがいた。

――やあ君たち、もう君たちだけだが……どうもぼくは酔っぱらったらしい……

翌日、長いゴンドラの葬列が、ギリシア正教会からサン・ミケーレ島に向かった。白い縁取りの薔薇色の壁の上に、糸杉がそびえる墓地。

――バレエはどうなるのだろう？

――誰がもう一度やれるだろう？

――誰も。

ディアギレフのバレエは難破寸前だといううわさだった。わたしはその難破を黙って見過ごしたくはなかった。わたしは「春の祭典」を一九一四年以前に一度も見たことがなかった。セルジュはわたしに、これは歴史的スキャンダルで、エポックメイキングな作品なのだと説いてきかせた。わたしは彼の話に耳を貸して、援助を申し出た。三十万フランかかった。後悔していない。

セルジュはさぞかし観念の世界を動かし、色彩の世界、情熱の世界、そして銀行券を動かしたことでしょうね。その彼が残したのは、一対のカフスボタンだけ。納棺の時、リファールが自分のカフスボタンと交換したわ。

＊1　**ディアギレフ（セルゲイ）（フランス語読みセルジュ）**　1872-1929　ロシア・バレエの指導者。天才舞踏家ニジンスキーをはじめ数多くのダンサーを育て、ストラヴィンスキーなどのロシア音楽家を世に送ってバレエの新世紀をひらく。一九〇九年にパリで「牧神の午後」を初演して以来、ディアギレフ率いるロシア・バレエは美術からモードまで一大センセーションを巻き起こした。一九二九年、糖尿病のためヴェネチアで客死。シャネルはミシアとともに彼の死を看取った。

＊2　**ラインハルト**　1873-1943　ドイツの舞台演出家。一九〇五年の「真夏の夜の夢」でデビュー。一九一

一年にロンドンで演出を手がけた「奇跡」は壮大なスケールで大ヒットした。

＊3　ファリャ　1876-1946　スペインの作曲家。オペラ「はかなき人生」でデビュー。一時パリに出てドビュッシーやラヴェルと交わり、ロシア・バレエのために「三角帽子」を作曲した。

＊4　デュカス　1865-1935　フランスの作曲家。代表作に「魔法使いの弟子」

＊5　シュミット　1870-1958　フランスの作曲家、フォーレに師事する。

＊6　ドラン　1880-1954　フランスの画家。フォービズムを代表する一人。

＊7　ブノワ　1870-1960　ロシア生まれの舞台芸術家、ディアギレフの友人。「シルフィード」の舞台装置などを手がける。

＊8　ディアギレフはバレエ公演に先立ち、一九〇七年にパリでリムスキー＝コルサコフやラフマニノフによるロシア音楽会を開催、翌年にはシャリアピンを主役にしてムソルグスキーのオペラ「ボリス・ゴドノフ」を上演した。

＊9　ニジンスキー　1890-1950　ロシアの天才舞踏家。ディアギレフの寵愛の的となり、「牧神の午後」「春の祭典」などを演じてバレエ史上不滅の名声を博す。

＊10　ジロドゥ（ジャン）　1882-1944　フランスの作家。ジロドゥは外務省勤務のかたわら作品を書き、スタンダールも外交官でありつつ文学作品を書いた。ジロドゥはまた、外務省勤務の作家ポール・モランに先輩として決定的な影響をあたえた。

＊11　アンリヨ（エミール）　1889-1961　フランスの作家・批評家。長年にわたり「ル・タン」紙の文芸欄を担当。作家論には定評があった。

＊12　ヴォードワイエ（ジャン＝ルイ）　1883-1963　フランスの詩人・小説家。優れた恋愛小説のほか、数多くの美術批評を手がける。アカデミー・フランセーズ会員。

＊13　モーリヤック（フランソワ）　1885-1970　ボルドー生まれの小説家。二〇世紀フランス文学を代表するカトリック作家。一九五二年にノーベル文学賞を受賞。代表作に『蝮のからみあい』など。

＊14　ボーモン（エチエンヌ・ド）　1883-1956　ベルエポックのパリ社交界の寵児。貴族でありながら家名にこだわらず、プルースト、コクトー、サティ、ポール・モラン、マシーン、ピカソなど、新進芸術家やジャーナリストや話題の人物を自邸の金のサロンに招いて親しく交わる。招かれた客人は伯爵の趣味に応えてしばしばいろんな扮装を凝らした。一九二四年夏、コクトーやマシーンの協力を得て庭で催した「パリの夕べ」も名高い。ラディゲの小説『ドルジェル伯の舞踏会』のモデルはボーモン伯爵夫妻だともいわれている。

＊15　マシーン　1896-1979　ロシア生まれの舞踏家。「パラード」や「三角帽子」の振付を担当し、ロシア・バレエの一時代を画した。

＊16　六人組　「序」注＊2（13頁）参照。

＊17　ダンカン（イサドラ）　1878-1927　アメリカの女流舞踏家。ギリシアふうの衣装をまとい、裸足で踊った初の舞踏家。ヨーロッパに渡り、その斬新な舞踏で一世を風靡した。

＊18　ボルラン　1893-1930　スウェーデンの舞踏家。スウェーデン・バレエの発展につとめる。

＊19　一八三〇年に上演されたヴィクトール・ユゴー作の戯曲『エルナニ』は、従来の古典的作劇法を打破する作品で、その評価は文壇を二分し、ロマン派と古典派の華々しい戦いが繰り広げられた。

＊20　リファール（セルジュ）　1905-86　ロシア・バレエの舞踏家。ディアギレフに見出されて二〇年代の花形ダンサーとなる。

＊21　パヴロヴァ　1881-1931　ロシアの名バレリーナ。

＊22　サハロフ　1907-84　ロシアの舞踏家、振付師。

＊23　アルヘンティーナ　1890-1936　スペインの名舞踏家。

＊24　エドモン公妃　1865-1943　アメリカの富豪、ミシンの発明者シンガーの娘。パリに来てポリニヤック公爵と結婚し、二〇年代パリに芸術サロンをひらく。ロシア・バレエのパトロンでもあった。

＊25　キュナード（モード）　イギリスの船舶王ベイチ・キュナードの妻。娘のナンシーはパリに住んで二〇

年代の花形となる。

＊26　ラミューズ　1878-1947　スイスの作家。ストラヴィンスキーの友人。「狐」や「兵士の物語」のフランス語版を書く。

＊27　デルランジェ（カトリーヌ）　デルランジェ男爵夫人。ロンドン社交界の花形の一人。ポール・モランの小説のモデルにもなる。

＊28　コフノ（ボリス）　1904-90　ロシアの亡命貴族。詩人。一九二一年からディアギレフの死までの八年間、彼の秘書を務める。

10　ド・シュヴィニエ夫人

わたしの昔からの素敵な友達に、アデオーム・ド・シュヴィニエ伯爵夫人[*1]がいる。わたしがフォブール・サン＝トノレ通りに住んでいたとき、夫人は通り向かいのアンジュー通りに住んでいた。一九〇〇年頃、このアンジュー通りのサロンには、パリで倶楽部のメンバーに数えられる男たちや、フォブール・サン＝ジェルマンのエレガントな女性たちがみな馳せ参じていた。その頃は、昼食を一一時半にとり、三時に訪問をするのがマナーになっていた。ちょうど紳士勢がサークルに出かける前の時間帯で、サロンに通された彼らはシルクハットを膝に置いて腰掛けていたものだ。シュヴィニエ伯爵夫人は、赤毛の鬘をつけ、マルセル・プルースト[*2]を夢中にさせたあの大きなしわがれ声をして、その尊大な態度と高飛車な口調はサン＝シモン公[*3]が描く人物そのものだった。『失われた時を求めて』のなかでスワンが語っているとおりである。夫人は老女優に似ていた。というより、もっと正確にいえば、マルグリット・デュヴァルやモレノ、ポーリーヌ・カルトンをはじめ、夫人の婿にあたる劇作家フランシス・ド・クロワッセ[*4]の芝居でこっけいな老婦人を演じる女優はみなシュヴィニエ夫人の真似をしようとした。こうして女優たちが夫人の真似をし、一方、夫人も夫人でその女優たちの真似をするので、しまいにはどちらがどちらかわからなくなったけど……

シュヴィニエ夫人は、「くそ……《メルド》」と口にした社交界で初の女性よ。

夫人の会話はうっとりさせられた。それはひとつの年代記、備忘録、その年の回想記だった……

「ねえ、いまの若い娘たちって何も知らなくって馬鹿ね。男が何も教えてやらなくなったからよ。作法さえ教えないわ。わたしたちが知っていた男たちは、礼儀作法なんて学ぶ必要もなかった。作法のなかで育ったのだもの……わたしはね、恋をしながら作法を学んだの。そういうことを教えてくれるのは愛人であって、夫じゃない。わたしなんか、恋人に連れられてルーヴルに行ったものよ。だって、朝から晩まで抱きあっているわけにもゆかないでしょ……！　こんなこと、趣味を磨いたって無駄よ……生まれつきの問題だもの、そう、わたしとセシル［J・ミュラ大公妃］＊5にはそういう生まれがそなわっていた……。そうよ、夫婦の寝室にだって休みがあるわ。話したことがあったでしょう、昔の館には大寝室があったのよ。床入りの夜には合図に一輪のスミレを置いておくの。ところが今じゃ時も所もおかまいなし、玄関口でも、召使の前でも、平気であれするご時世なのね。そうそう、わたしの娘だけど、あの娘はまちがいなくシュヴィニエの子よ。だいたい、わたしの子どもはみなアデオームの血を引いている（私生児なんて御免だもの！）。それでね、わたしの娘は三歳の時から「勉強」しているの。それでいま六十歳だけど、何にも知らないのよ！」

「知るために学ぶ必要なんてありませんわ。たとえばミシアは立派な音楽家として通っていますけど、わたしが聴いたことがあるのは、せいぜいショパンの四和音ぐらいのものですもの」

「ミシアはいいわね！　あのひと、ユダヤ人が大好きでしょ。ねえ、ミシアってゲットーよ。彼女が選んだ人たちをごらんなさいよ、タデ・ナタンソン、[*6]ベルンステン、[*7]エドワーズ、[*8]アルフレッド・サヴォワール、[*9]みなそろってユダヤ人よ……わたしはね、ユダヤ人に偏見など持っていませんわ……。証拠はどっさりあるわ。いえ、難しいことなんか言わなくても、フェリックス・フォール[*10]の時からもうユダヤ人差別なんてできない時代でしょ、ロスチャイルド一家もそうだし……ジョッキー倶楽部もそうだったわよ。アース[*11]［スワン］はユダヤ人だけど、メンバーとして認められたわ。といってもねえ、なにしろ七一年のパリ・コミューンの時ですもの、その日の午後、反対票を投じるひとなんて誰もいなかったのよ……」

シュヴィニエ夫人は戦争直前に亡くなった。最後の数年はもう誰の訪問もうけなかった。門戸が開かれるのは、家族と、親しいひとと、わたしだけだった。ミシアが会いに来ると、通しはしたが、恐ろしい顔をして意地悪な事を言うだけだった。

——おわかりにならないの、何でもおわかりのあなたなのに！

そう言うと、夫人はこれ見よがしにわたしにむかって目配せをし、舌打ちをして、ミシアにわからないように、こっそりテーブルの下でわたしの足に触れて合図するのだった。

「一八……年の頃、わたしたちには品位というものがそなわっていたわ。F……がわたしを好きになったことがあるの、少なくともわたしはそう思っていた。ある日、旅行の後、大晩餐会の席で、わたしはシュヴィニエの腕をとっていた。控えの間で招待客のリストに目を通したの。すると、F……侯爵夫妻の名があるじゃないの。不実な男ね、結婚していたのに、わたしに言わなかったのよ。思わず取り乱しそうになった……だけど突然わたしは自分をとりもどしたの、自分にむかって言いきかせたのよ。『汝はロール・ド・シュヴィニエ、いやしくもサド家の生まれではないか』と」(サド！ なんて素敵な名なの……サド家に生まれるためなら、何を惜しむでしょう！ ミシアが溜息をついた)。

「フランス人なのよ、わたしたちは！ 外国人ときたら、わたしたちのことを何でもわかると思っているんだから！ ロシア人なんて我慢できないわ……ペテルブルグにいたことがあるの……ウラジーミル大公のところによばれたのよ。あそこはとても礼儀正しい国ね。正しすぎるのよ。ロシアに行ったら丁寧なあつかいをうけるわ、だけど尊敬されるってことはないわよ。キラキラした贈りものをくれるのはいいけれど、ひとを飾り物あつかいにして。それに、あちらの贅沢ときたら、ツァールスコエ・セロー[*12]の街に行ったけれど、全然シックなんかじゃなかったわ！」

ときたま、年とった召使のオーギュストが部屋に入ってきた。

――まだ何か用、オーギュスト？

――奥様、マダムＸがお見えですが。

――わたしの具合が良くないと言えなかったの？　マドモアゼルとごいっしょなのよ！

――奥様、わたしは嘘がつけませんので。

――じゃあ、なんであなたは召使なの？　召使というのはノンを言わせるためにいるものなのよ。

わたしが伯爵夫人を疲れさせているのではないかと心配で、しばらくするとまたオーギュストがもどってきた。

――奥様、ご夕食のことをお考えいただかねば。

――かまわないで！　楽しんでいるのよ！　わたしから楽しみを取りあげたいの！　わたしにスープを飲ませたいのね、何でも許されると思いこんでいるのだから！　わたしは甘やかされてなんかいないわ、だのにオーギュストはわたしが甘やかされていると思いこんでいる！　わたしたち、何の話をしていたのだったっけ？　ミシアがショパンの三和音も知らないって話だったかしら？　ああ、そうそう！　レーナルド[*13]、あれこそ音楽家よ！　ねえ、ヴェネチアでね、ヴァンタリス夫人はゴンドラにピアノを乗せて、レーナルドに弾かせたのよ、月明かりの大運河で。前には全員がそろっていた。それにマドラゾ[*14]が「サン＝ジャック塔」を歌うのを聞いたことがあって？　ジャック・フェヴリエ[*15]のピアノとはひと味ちがっていたわ！……ええっと、何の話をしていたのだっけ……思い出させてちょうだい、もう何だかわからなくなって、あの馬鹿なオーギュストのせいよ……。ああ、そうそう、現代の若い娘の話をしていたのだったわね。あの娘たちはみな間抜けだわ！　いえ、それ以下よ！（わたしたちの時代には、間抜けにだってそれなりの作法があったわ）。いまの女性ときたら、サロンに入ってくるやり方も知らないのよね。あの娘たちがどんなふうにするか、やってみせましょうか？」

そう言うと、夫人はベッドから飛び降り、なかばおどおどして、なかば気取り、いかにもぎこちなく、しかも「ずれている」、いまどきの女性の真似をしてみせた。

「わたしたちはね、こんなふうじゃなかったわ！　こんなのをサロン入りなんて言えるの？　ねえ、見てよ！　わたしたちはこういうふうにしたものよ」

そんな激しい運動をした後、シュヴィニエ夫人は喘ぎながらまたベッドにもどった。

——息が切れるわ。心臓が飛び出しそう……

急に運動なさったからですよ。わたしはそう言って夫人を安心させた。夫人はわたしの方に痩せこけた顔をむけた。あやつり人形のようにとがった鼻、への字に曲がった口、老いた道化の悲劇的な顔をしていた。そして、かすかに聞こえるそのしわがれ声は、地の底から発せられているようだった。

——子どもたちはわたしを無理やりアンジュー通りから離れさせたのよ。もう四十年も住んでいたのに。子どもたちの言うことをきいたわ。でもわかっているの、これでわたしには悪いことが起こるのだって。人間が自分の家から出るのはくたばる時だけよ。現にくたばりかけているわ。もしわたしが良くなって、外出できそうだったら、わたしを招待してね。だけど年寄りといっしょじゃ嫌よ！　若いひとたちといっしょに招待してね。そうでなきゃ、またわたしに会いに来てね。スタンディシュ夫人[*16]［生まれはデ・カール家］やグレフュール夫人[*17]の話をしたいわ。レディというのは、ああいう人たちのことよ！　あの人たちは恭しいお辞儀ができるのよ。フォーズドルフの夜会で、お辞儀をする人を見たことがあるけれど、全然なってなかったわ……オーギュスト、マドモワゼルをお送りして……きっとこれからもたびたび床についていることよ。わかるでしょ、わたしの年になると、一度コルセットと髷《まげ》をはずすと、もう二度とつけることはないものなのよ！

事実、シュヴィニエ夫人の危篤の日がやってきた。

マリー＝テレーズ・ド・クロワッセがわたしに言いにきた。

——母がとても悪いの。あなたのところに招待されていると思っているわ……

それから数日後、わたしは夫人の葬儀に行った。

＊1　シュヴィニエ（アデオーム・ド）伯爵夫人　1859-1936　マルキ・ド・サド侯爵の曽孫にあたる名門貴族。サロンの女王。プルーストに慕われ、『失われた時を求めて』の中の名門貴族、ゲルマント公爵夫人

のモデルの一人となった。

＊2　プルースト（マルセル）　1871-1922　二〇世紀フランス文学を代表する作家。社交生活に明け暮れながら小説の方法を模索しつづけ、やがて自宅のアパルトマンにほとんどこもりきりで長編『失われた時を求めて』の執筆に専念。一九一九年に第二篇がゴンクール賞を獲得して有名作家となる。名門貴族のサロンと新興ブルジョワジーのそれとの新旧交代劇を描いた作品は、犀利な人間観察に満ちている。喘息病みで虚弱だったプルーストは、シャネルと同じくホテル・リッツの常連でもあった。

＊3　サン＝シモン公爵　1675-1755　長大な『回想録』を記してルイ十四世の宮廷社会の人間模様を詳細に観察した。プルーストはこの回想録に影響をうけ、『失われた時を求めて』の中でも、登場人物のスワンに引用させるなど、たびたび『回想録』にふれている。

＊4　クロワッセ（フランシス・ド）　1877-1937　ベルギー生まれのフランスの劇作家。シュヴィニエ夫人の娘婿にあたる。軽妙な喜劇で当たりをとった。

＊5　ミュラ大公妃　1867-1960　旧姓セシル・ネー・デルシンゲ。ナポレオンの副官でナポリ王となったミュラの血を引くミュラ一門は社交界で長く権勢を誇った。

＊6　ナタンソン（タデ）　ミシアの最初の夫。ユダヤ人の弁護士。パリに住んで、芸術雑誌『ルヴュ・ブランシュ』を発行、ボナール、ヴュイヤールなどの画家、マラルメ、レオン・ブルム、ジイドなどの文学者たちを集め、世紀末パリの芸術の中心の一つを担う。

＊7　ベルンステン　劇作家。5章注＊10（75頁）参照。

＊8　エドワーズ　ミシアの二番目の夫。富豪で、幾つかの新聞社の社主ともなる。

＊9　サヴォワール（アルフレッド）　1883-1934　ユダヤ人の劇作家。アルフレッド・サヴォワールのペンネームでフランス語の喜劇を書く。

＊10　フォール（フェリックス）　1841-99　フランス第三共和国の第六代大統領。フォール大統領のもとで起こったフランス史上名高い最大の事件がドレフェス事件である。一八九四年、ユダヤ人将校ドレフェスが

ドイツのスパイ容疑で告発されるが、九八年、作家ゾラがドレフェスの冤罪を叫び、「ユダヤ人差別問題」として大統領に公開質問状をつきつけるや、事件は国論を二分する大問題に発展した。

＊11 **アース（シャルル）** 1832-1902 ロスチャイルド銀行の代理人の息子。ユダヤ人。ベルエポックの社交界の寵児の一人。ダンディで知られ、格式が高く難関だったジョッキー倶楽部の会員に選ばれる。プルースト『失われた時を求めて』第一巻『スワンの恋』の主人公のスワンのモデルになった。

＊12 **ツァールスコエ・セロー** サンクトペテルブルグの南方にある保養地。現在のプーシキン市。歴代のロシア皇帝の離宮や宮殿があった。

＊13 **アーン（レーナルド）** 1874-1947 ヴェネズエラ生まれ、パリに住み、国立音楽学校で音楽を学び、作曲を続ける。プルーストの親友だった。

＊14 **マドラゾ（フレデリック・ド）** 1878-1935 画家マドラゾの息子。プルーストの親しい友人で、絵画、音楽に堪能で、歌唱をよくした。

＊15 **フェヴリエ（ジャック）** 1900-79 フランスのピアニスト。

＊16 **スタンディシュ夫人** ベルエポックの名門貴族。旧姓エレーヌ・デ・カール。グレフュール伯爵夫人の義理の縁筋にあたる。イギリス国王エドワードの愛人だった。

＊17 **グレフュール夫人** 名門貴族で、社交界の花形。プルーストの『失われた時を求めて』のゲルマント公爵夫人のモデルの一人となった。

11　ピカソ

第一次大戦中、ピカソがモンルージュに住んでいた頃、泥棒の一味が忍び込んだことがあった。盗んだのはシーツだけで、絵は盗んでゆかなかった。一九一五年にくらべたら今のシーツはずいぶん高くなったけど、ピカソのキャンヴァスの高騰ぶりは比較にならない。今ではどんな泥棒でもまちがえたりしないわ。ラビッシュ[*1]の芝居のせりふじゃないけれど、「巨匠《メートル》の布《キャンバス》と、何メートルかの布」では大ちがいよ。

ピカソが天才かどうか、わからない。よく会う人を天才なんてあまり言わないし。とにかく、ピカソが世紀から世紀へと天才をつなぐ見えない鎖のどこかに位置しているのはまちがいないわ。

歳月が過ぎ、何十年が過ぎた。だけどピカソはまだ生きている。立派に生きているわ。彼を持ち上げた波は逆流したりしなかった。ピカソは忘れられていないし、偶像にまつりあげられてもいない。まつられるのは忘れられるよりずっとこわいけど。ピカソは知性とアクロバットのような反射神経と、バスク人特有の柔軟性を保っている。だって彼の父親はバスク人で、デッサンの先生なのよ。

わたしはピカソにゆるがぬ友情を抱いてきた。ピカソの方もそうだと思う。いろいろな変転もあったけれど、わたしたちは変わっていない。二十年前はすべてが魅力的だった。それにはいろんな理由があるけど、いちばんの理由は、すべてが仲間うちのことだったことね。モンルージュの連中はピカソが何者か知らなかったし、彼の絵が政治色に染まるようなこともなかった。

わたしは個性の強い人たちとはとても気が合う。わたしは大芸術家を心から尊重するし、同時にとても自由な立場にいる。わたしは彼らの良心なのよ。もし彼らが『ハーパーズ・バザー』のような商業誌に堕したら、注意するつもりよ。批評精神を失ったりしないから。感嘆のあまり批評性を失うようなことがあれば、それは相手が大芸術家でないということなのよ。

――わたしはあなたをピカソから護ってあげたのよ。

ミシアが言った。

本当は、わたしが自分を護らなければならなかったのはミシアにたいしてだけだった。というのも、いったんミシアが愛したら、後にはもう草一本残らなかったからだ。ピカソは真空掃除機さながらすべてを一新する大仕事を果たした。その大仕事にわたしが一役買うことはなかったけれど。男としてのピカソも好きだったが、わたしが本当に愛したのは彼の絵だった。絵がわかっていたわけじゃないけど、とにかく圧倒されていたし、圧倒されるのが好き。わたしにとって、ピカソは対数表なのよ。

ピカソは破壊した。だが、そのあとで築いた。彼がパリにやって来たのは一九〇〇年、わたしがまだ子どもの頃だったが、ピカソはもうアングルのようにデッサンするすべを知っていた。セールが何と言おうが、まちがいないわ。わたしはもういいかげん年なのに、ピカソは現役で仕事をしている。絵画の世界の偉大な起爆剤になっているわ。わたしとピカソの出会いはパリでしかありえなかった（オーヴェルニュでは生きてゆけないし、マラガやバルセロナで一生を過ごせるものでもない）。

わたしたちが知りあったとき、彼はサティやコクトーといっしょにローマから戻って来たところだった。「パラード」[*2]の時代だった。つぎはぎの紙の衣装を着たあの有名なマネージャーたちがシャトレ劇場の舞台の上でリズミカルに足を踏みならしていた。その後ピカソはキュビスムと貼り紙《パピエ・コレ》を脱していった。それ以後も、周期的にボエシー通りを震撼させていった彼の革命の数々に立ち会ってきた。彼の舞台装飾は大成功し、「三角帽」、「プルチネッラ」と、観客は次から次へと熱狂していた。

わたしはこの錬金術師ピカソの巣窟《そうくつ》によく踏みこんだものだった。アポリネール[*3]が姿をみせ、ユージャンス通りやラヴィナン通りの「洗濯船」の芸術仲間[*4]も集まってきた。直接に会って見たこともあるし、詩人のルヴェルディやマックス・ジャコブから聞いたものもある。マノロやパイサン、グランビッツ、モレ男爵などのパトロンたちが顔をきかせた時代が終わると、ピカソは偉人になってスターリンやルーズヴェルトと対等な存在になった。アンブロワーズ・ヴォラールやローザンベール[*5]といった画商たちがピカソという宝物をねらって目を光らせていた。コクトーがピカソの気をひこうとして誘惑のダンスを踊っていたわ。ダダの連中が戯れ、シュルレアリスムはピカソを誉めそやしていた。モジリアニ派やファン・グリス派[*6]は消え失せた。だがピカソは残った。アポリネールがピカソを語って、彼の内的リズムにはアラブのリズムの単調さがあると言ったことがある。諸世紀が過ぎ、諸文明が滅びても、アラーの神の偉大さは変わらず、ピカソはその予言者なのだ。彼はまた悪魔でもある。ピカソは来たるべき次世代の若き画家たちの円卓にふたたび姿を現して彼らを悩ますことだろう。もしもピカソがルーヴル入りしたら、夜とともに彼の描いたギターは曲をかきならし、消防士も立像も闇のなかにさまよい出て、円舞をしながらエジプト階の方へ歩いてゆくにちがいない。

＊1　**ラビッシュ**　1815-1888　フランスの劇作家。

＊2　一九一七年、ピカソはディアギレフの依頼に応じてシャトレ劇場でのバレエ「パラード」の舞台衣装と緞帳の製作を手がけた。ジャン・コクトーやエリック・サティも協力したこの超前衛的な舞台はスキャンダラスな成功をおさめ、ディアギレフのバレエの作風に新風をもたらすことになった。このほかにもピカソは「三角帽」や「プルチネッラ」など、幾つかのバレエの舞台製作に協力している。

＊3　**アポリネール**　1880-1918　シュルレアリスムの代表的詩人の一人。詩集に、「アルコール」、「カリグラ

ム」など。

＊4　モンマルトルのラヴィナン通りには無名の芸術家たちの住まいとなり集いの場ともなったアトリエがあり、若きピカソもここに住んだ。仲間によって「洗濯船」と命名されたこのアトリエは、詩人のマックス・ジャコブやアポリネール、画家のゴーギャンやモジリアニ、彫刻家のマノロ・ユゲなど若き芸術家たちのたまり場となった。

＊5　ヴォラールは二十代の「青の時代」や「薔薇色の時代」のピカソの作品を買った画商。他方ローザンベールは壮年のキュビスム以降の作品を買いあげた。

＊6　**グリス（フアン）**　1887-1927　スペインの画家。パリに出て、キュビスムの画法を追求する。

12　フォラン

フォランとわたしの間[*1]はすべてうまくいった。わたしは若く、無防備だった。武装解除していたのだ。フォランはわたしの教育を買ってでた。キャバレーにも連れていってくれた。口をゆがめ、眼を尖らせ、神経を研ぎ澄まし、絶えず胸をはって、ヴァイオリンの弓のように張った声でしゃべり、その弓で矢を放っては、自分も同じくらいの数の矢に刺されていた。フォランは四半世紀前のあのパリ、過去の名残り漂う狭い世界で、いまだに第二帝政の面影を残すあのパリの手引きをしてくれるのだった。

エドワーズの母親が好きだって？　ああした連中には気をつけるんだ。汚いやつらさ！　君むきじゃない……言っておくが、人間というものはきれいじゃないんだ……。ひとから聞いたけど、君は男色家たちともつきあいがあるんだって……もういちど言うけどね、あの手の女たちはみな汚いやつらさ！

こういう調子が一日中つづく。七月だった。フォランは街を離れたがらなかった。わたしは服のコレクションに引き止められていた。七月のパリ、それは魔法使いだ。すべてが美しく虚しく、昔からのパリジャンたちはよそへ出かけていた。街は自由に使えた。

——晩飯に出よう、もう君から離れないぞ……おやまた何だ？　なんだ、お前か、ジャン＝ルー（息子のフォランが出てきた）、何の用だ？

——パパ、五フランおくれよ。

——やるもんか。

フォランはコートを取ると、しわがれた喉にマフラーを巻きつけた。

——パパ、五フランおくれよ。

——馬鹿！……

——パパ、五フランおくれよ……

フォランは絵筆を洗うと、テレピン油に浸す。

父の顔が突然かがやいた。

——いいやつだ！

——そうよ。かわいい息子さんよ。

わたしは彼を喜ばせようとして言った。

フォランがジャン＝ルーに抱く愛情は、息を吹き込まれた火のように燃え上がった。

——ほんとうかい？　かわいいんだね？


わたしたちは夕食に出かけた。わたしは彼にマリー・ローランサンの話をした。その頃ローランサンはもっぱらグルー家の人たちとつきあっていた頃だった。

——彼女の絵はお嬢様芸さ……靴縫い仕事だね。

——フォランはリラックスして、毒舌も少なくなり、わたしに歌をうたってくれとせがんだ。

彼が好きだったのは次の歌だった。

彼は山に登った。
大砲の音を聞きに。
大砲があまり大きく響いたので、
自分のズボンのなかに……

ゴーフルの店のバーで、フォランはジョルジュ・ユゴーをつかまえ、とんでもなく大きなチェック柄のイギリスふうのチョッキの裾をつかんで言った。

——ジョルジュ、聞けよ

大砲があまり大きく響いたので……


フォランはわたしに人生を教えてくれた。

――馬鹿な人間を決して信用しちゃだめだよ。むしろ悪い人間を選んだ方がいい。あるいはまた、

――ドラッグには注意するんだよ、ドラッグは人を意地悪にはしないが、意地悪さを発散させるからな。

別れる頃になると、

――君の肖像を描きたいな。アトリエにおいで。

わたしはフォランの家に入り、二階に上がろうとした。ところが一段のぼったところで、フォラン夫人につかまった。

――どうしてもあなたの肖像を描きたいの……夫人はそう言うと、もうわたしを放そうとしない。フォランはイライラと踊り場で待っていた。

――途中で女房につかまったんだな。ええ？　白状しな！　ポーズをとりに来る邪魔をしたんだね？　あばずれめ、仕返しをしてやるからな！

フォランは赤いハンカチで鼻をかんだ。

――最近あれが何をやったか教えてやろう、あれが見つけだしたものが何だったか……あいつ

はぼくのポケットを探った……恋文が見つかった……一言も文句を言わなかった。ただ、それを自分の扇に貼り付けたのさ！　それで、大晩餐会のとき、みなの前でその扇を広げたんだよ……

＊1　フォラン（ジャン＝ルイ）　1852-1931　フランスの画家。風刺画を得意とした。

13 フォブール・サン＝トノレ

ホテル・リッツを離れ、フォブール・サン＝トノレに居を移したのはこの頃だった。[*1]

この転居について、わたしがイギリス式の贅沢なインテリアをとりいれたのだと言われたが、それは間違いだ。わたしにとっての贅沢といえば、イソワールの叔父さんの家であり、昔から変わらず続いているものなのだから。「歳月に磨かれた」オーヴェルニュ地方の立派な家具、どっしりと重たくて地味な田舎の木、紫がかった桜の木、艶出しで磨かれて黒光りしている梨の木、それらは、あのスペインの食器棚や、フランドル地方のドレッサーや、鼈甲《べっこう》の足つきのブールの時計、布類をぎっしりと詰めこんだ折りたたみ式棚板の衣装箪笥などに通じている。わたしは貧しい子ども時代をおくったと思いこんでいたのに、実はそれこそ贅沢なのだと気づいたのだ。オーヴェルニュでは、すべてが本物で、大きかった。

だからパリに着いた時も、あまり目がくらんだりしなかった。人々にはうっとりしたが、室内装飾には感心しなかった。わたしはセシル・ソレル[*2]に憧れていて、知りあいになりたいと思っていた。「イリュストラシオン」のクリスマス号に掲載された記事のおかげで、田舎の読者もセシルのことを知っていたのだ。カペルが彼女のところへ連れていってくれた。一九一六年頃のことだ。食卓で、一人の女性がわたしから目を放さなかった。ミシアだった。わたしはセールの横に座った。ソレルはわたしの心を惹きつけたが、磨かれていない木の家具類は漆喰《しっくい》細工のように見えたし、金のテーブルクロスは本物の金ではなく、しかも薄汚れていた。しみのついたところに、無造作に果物を置いて飾っていたりしていた。銀器ときては、家具よりもっと磨かれていなかった。

わたしの正面に、巻貝型の小さなシニョンを結って、頭のてっぺんにみかんをのせたような格好の女性がいた。食事の後、わたしをつかまえると、もう放そうとしなかった。

――わたしもここの隣のセーヌ河岸に住んでいるんですよ。遊びに来てくださいな。

ミシアは「ジュルナル・オフィシェル」（当時こう呼ばれていた）の上の三階に住んでいた。ボーヌ通りの角に建つ古い小さな家の最上階だった。部屋の中、山と積まれたあのオブジェを見たときには、てっきり彼女は骨董商なのだと思った。いっしょに来たカペルも同じ思いだったらしく、遠慮なくたずねた。「お売りになる物ですか？」

水槽に入った魚や、瓶のなかに入った船、糸ガラス細工の黒人像、ロワイヤル広場の風景を描きこんで鉛を散らした扇がいっぱい並んだガラスケース、すべてぞっとするものばかりだった。不潔な匂いがした。布で拭いたり、艶出しで磨いたりできそうなところなどどこにもない。せいぜい羽根バタキで上っ面を撫でたかもしれないが、今どきそんな道具は芝居で召使が使うしろものので、話にもならない。カトリーヌ・デルランジェ[*3]の家も同様なガラクタ骨董でいっぱいだった。ガラクタは壁を這い、テーブルの上に積み重ねられ、階段に山と詰まれ、戸棚の戸はもう閉まらなかった……。ええっと、何の話をしていたのだっけ？　そうそう、贅沢の話ね。後にイギリスに住んだとき、イソワールの叔父さんのところと同じ贅沢を見出したものよ。蠟引きのオーク、大きな本物の家具、威容をたたえた時代もの。インテリアは魂の自然な発露であって、衣服と同じくらいインテリアを重視したバルザックは正しいわ。

　こんなふうにして、わたしはフォブール・サン＝トノレの家の家具を選んだのよ。柔らかい茶色の、上等の葉巻のような色の絹の光沢のある糸を織らせて、いたるところに、ふかふかの絨毯を敷き詰めた。カーテンは金のブレードを付けた茶色にした。そのブレードの金はウィンストン製の黄金の絹の王冠の留紐にも似ていた。値段のことなど考えなかった。友人たちは止めたし、ミシアなんてシニョンをふりほどいて憤慨していたわ。そういえば、昔あのロシア女のポロフツォフがサヴォヌリーの絨毯をC公爵から十万フランで買ったりしたこともあったわね……。

＊1　一九二一年からシャネルはここに居を移す。由緒ある貴族の館で、シャネルは一、二階のフロアを占め

ていた。インテリアを好みのもので揃えた豪華な住まいは、彼女と交遊を結んだ二〇年代パリの花形たちの間でも有名だった。

＊2　**セシル・ソレル**　ベルエポックの大女優。社交界の花形として名高く、パリの邸宅は選び抜かれた趣味で評判だった。

＊3　**カトリーヌ・デルランジェ**　社交界の花形。9章注＊27（121頁）参照。

14　一九二二年

わたしはたくさんの有名人と知りあいになった。知りあった頃には無名だった人もあれば、もう盛りを過ぎていた人もあるけど、その人たちの話をするのは何もセレブをずらりと並べて自慢したいからじゃないわ。彼らのつくる世界がどんな世界より好きだったからよ。それに、彼らを発見したなんて言う連中がおかしいもの。わたしは二十年来つきあってきたのに。

フォブール・サン＝トノレのカフェ「フロール」であわただしくお茶を飲むだけで、あとはカンボン通りでずっと働きどおし。そんな一日を終えると、わたしはもう外出したくなかった。けれどもパリはこの時にこそもっとも華やかで興味つきない日々を送っていたのだ。ロンドンもニューヨークも（ベルリンは平価切下げと飢えと表現主義の渦中にあったので別にして）、パリから目を離せなかった。貴族街だったフォブール・サン＝ジェルマンも、カンボン通りからモンパルナスへと時代にあわせて変わろうとしていた頃。貴族の夫人たちがお茶の会をひらいて話題の本の看板になり、白系ロシア人が亡命してきて、ヨーロッパは良くも悪しくも立ちなおりの兆しを見せていた。政治家のフィリップ・ベルトロー[*1]一派が「猛虎」クレマンソーとよりをもどし、最後の脚光をあびていた時代だった。フィリップはポワンカレを敵にまわしていたにもかかわらず、ヴェルサイユ平和条約締結後には相当な勢力を誇っていた。ミルラン[*2]が首相になるとその勢力も薄れたが、それでもなおしばらく、戦争初めの二年ほどは、ベルビーやその兄弟のアンドレ、バデール、レオン・ブルム、ミシア、そのほかの旧友たちの支持を得て、ブリアン外相[*3]の配下にあった頃の勢力を保っていた。

素敵な夜の思い出があるわ。カンボン通りのクリスマスのこと。コクトーが「六人組」[*4]を連れてきた。この若い音楽家グループはサティに率いられて開店早々のバー「屋根の上の牡牛」の常連になり、栄光の絶頂にさしかかっていた。プーランクは制服を脱ぎ、オーリックはイレーヌ・ラグーを愛していた。オネゲルもダリウス・ミヨーもまだ一家の父になる前だったけれど、もうその頃から、いわゆる「お荷物」をしょっていたわ。といっても当時のミヨーはまだこの世代のサン゠サーンスになっていなかったけど。同じ「六人組」の潑剌《はつらつ》とした美人のジェルメーヌ・タイユフェール、ジャン・バトリ[*5]、リカルド・ヴィニェス[*6]、ストラヴィンスキー、モラン、スゴンザック[*7]、セール、ミシア・ゴデブスカ、フィリップ・ベルトロー夫妻など、総勢三十名ほどが集まっていた。ファルグ[*8]が着いて、ラヴェルが来るよと言った。フィリップは、ユゴーに似た皺のある秀でた額をつきだして、あの文豪の「諸世紀の伝説」を暗唱してみせるといきまいていたわ。コクトーは「ガヤ」のジャズを持ち込み、スゴンザックは農民の扮装をしている。エレー

コクトーに率いられて音楽界に新風を吹き込んだ「六人組」。左から、フランシス・プーランク、ジェルメーヌ・タイユフェール、ルイ・デュレ、ジャン・コクトー、ダリウス・ミヨー、アルチュール・オネゲル。

ヌ・ベルトローは絹のチャイナ・ドレスに身を包んで、ウーブル座の楽屋を想わせた。サティはわたしにバレエの話をしていた。突然サティが口をつぐんだ。頭にブリオッシュをのせたミシアが、不安そうに、何か陰謀らしきものをかぎつけて椅子を近づけてきたのだ。顎鬚《あごひげ》にうずまった口に手をあて、眼鏡をゆすりながら、サティがわたしにささやいた。

——猫がやって来ました、わたしたちの小鳥を隠しましょう……

コクトーが、リセ・コンドルセでミスタンゲット[*9]の息子と同窓だったという話をした。「いまじゃ立派な髭をはやした医者になって、ブラジルに住んでいるよ」

＊1　**ベルトロー**　フランスの政治家。「序」注＊7（14頁）参照。
＊2　**ミルラン**　1859-1934　フランスの政治家。首相兼外相としてベルサイユ条約締結の任にあたる。
＊3　**ブリアン（アリスティード）**　1862-1933　フランスの政治家、首相。外務大臣も務め、ロカルノ条約はじめ国際平和外交に尽力し、外務省のブレーンとなって「ブリアン外交」と呼ばれ、一九二六年にノーベル平和賞をうける。
＊4　**六人組**　一九二〇年代のパリ風俗を飾った若き音楽家グループ。「序」注＊2（13頁）参照。
＊5　**バトリ（ジャン）**　1877-1970　フランスのオペラ歌手。
＊6　**ヴィニェス（リカルド）**　1875-1934　スペインのピアニスト。
＊7　**スゴンザック**　フランスの画家。「序」注＊10（14頁）参照。
＊8　**ファルグ**　1876-1974　フランスの詩人。作品に「音楽のために」など。
＊9　**ミスタンゲット**　世紀末からベルエポックにかけてもっとも名高い女優・歌手のひとり。

15　シンプル・ライフ

わたしがこれまで知りあったなかでいちばん複雑な人間はポール・イリブ[*1]だった。彼はわたしの生活がシンプルでないと言って非難した（それだけでもう自分のことを複雑だと認めていることになるが、実際彼はあのジャン＝ジャック・ルソー以来の複雑人間だった）。わたしは自分がシンプルだと信じていた。実のところは、わたしだってシンプルなんて言えた義理じゃないでしょうけど。シンプルというのは、はだしで歩くとか、木靴を履いたりすることじゃないわ、精神から来るもの、心から生まれてくるものよ。

――わかりませんね。なぜこんなにたくさんの部屋が要るのです……こんなに物を並べてどんな意味があるのでしょうね？　あなたのような生き方をしていると破産しますよ。何たる浪費だ！　この召使たちは何の役にたつのですか？　おたくではご馳走を食べ過ぎですよ。もしあなたが、何もなくても満足して暮らす生活をおわかりになれば、もっとたびたびおじゃまするんですがね、いや、何なら、そばで暮らしたっていいんですよ。わたしは、無駄なことをしたり、派手な浪費をしたり、シンプルでない人間が大嫌いなんです。

無駄をなくしたいという欺瞞《ぎまん》的な欲望と、彼に好かれたいという真摯《しんし》な欲望におされて、わたしは答えた。

――そうね。これからはシンプルになりますわ。節約した暮らしをしてみます。

カンボン通りから遠くないところに、貸間を見つけたので、二部屋借りた。質素な住まいにはに浴室がなかったので、一部屋を浴室にした。残りの部屋を自分の部屋にして、好きな本と、コロマンデルの屏風と、暖房と、きれいな絨毯を敷いた。わたしが家を離れたのを見て、イリブはイライラし、嫉妬して、不機嫌だった。

――ペンションに住んでいるのよ。とても便利。家からすぐだし、ご存知シンプル・ライフを始めたわ。

――お針子ごっこをするのが楽しいですか？

こうしてそっくり生活を変えたのはあなたのせいよ。わたしはそう答えた。今度は彼の方がどこかに質素な部屋を借りるのだと思っていた。あれほどシンプル・ライフがお気に入りなのだから。ところが彼は何もせずに不機嫌に聞くのだった。

――幸せですか？

――とても幸せ。

――何のお遊びなんです？　あそこに長く住むつもりなんですか？

こんなシーンがあった。

——やれ漆喰だ大理石だ錬鉄だといった暮らしを捨てて欲しいとおっしゃったでしょう。だからこんなつましい家に住んでいるのよ。門番女は階段でお炊事してるわ。空の牛乳桶に足をぶつけそうになったりして。これこそあなたがわたしにすすめ、ご自分も送りたいと思っている生活じゃなかったの？

——ぼくがこんなボロ家に住めると思っていらっしゃるんですか？

彼は吐き捨てるように言った。

それから通り向かいにわたると、リッツに住み始めた。

わたしとイリブの関係は情熱的だった。ああ、情熱なんて大嫌い！　何と嫌悪をそそる、ぞっとするような病いだろう！　情熱は、飢えも寒さも疲れも知らない闘士みたいなものよ。奇跡によって生きる。毎日があの奇跡のルルドの聖水と同じよ。老いた中風患者が永年の憧れをかなえたとしてごらんなさい。二十歳の若さに返った足で階段を転がり降りるでしょうよ。情熱につかれた人間は、外界も他人も目に入らない。そんなものは蹴飛ばせる道具、どんな障害も平気でたちまち乗り越えてしまう。蟻のような忍耐もできるし、象のような力も発揮できる。どちらも可なりよ。情熱は人間性なんて無視しているわ。恐怖ね、情熱は本当に発作そのものよ。悪いことだろうと何だろうと、情熱を満たすためなら大統領だってたたき起こしにゆくし、どんな悪事だって躊躇《ちゅうちょ》なくやってのける。そうしてから安心して眠りにつくのよ。

わたしはポール・イリブに愛情と優しさをたっぷりと抱いていた。だけど彼が亡くなったいま、これほど時間がたってみると、自分が抱いた情熱を思い出すたびに腹だたしい気がする。わたしは消耗し、からだをこわしてしまった。イリブがパリを発ってアメリカに行った頃からわたしの名は有名になりはじめた。大きくなってゆくわたしの名声が、消えゆく彼の栄光になおさら影をさした。本人は無自覚だけれど、一九三…年の帰国の頃から彼はわたしを愛したのよ。それは自分のコンプレックスから解放されるため、自分に拒まれているものに復讐を遂げるためだった。彼にとってわたしは、手に入らず支配できないパリそのものだったのよ。あのカリフォルニアの豪華で陰気な映画スタジオでも、彼はセシル・B・デミル[*2]に不満を抱いて、ふくれ面をしていたわ。わたしは彼に借りがあった。わたしは彼にとって値打ちのあるものになった。そこで彼はわたしを自分のものにして、遅すぎた復讐を遂げようともくろんだのだ。二人のどちらにとっても遅すぎた。だけど、コンプレックスという亡霊を追い払うためなら、遅すぎることは決してない。

イリブはわたしを愛していた。けれどその愛は、自分にたいしてもわたしにたいしてもあえて口にしないこうした理由からだった。彼はわたしを破壊したいというひそかな願望をもってわたしを愛した。わたしが敗北し、屈辱をなめるのを望んでいた。わたしが死ぬのを望んでいたわ。わたしが貧しく、無力になって、小さな車の中で身動きもできず、すべてを彼にゆだねているのを見たら、深いよろこびを覚えたにちがいないと思う。イリブはとても堕落していて、愛情深く、すごく知的で、ものごとに敏感で、極度に洗練された人だった。わたしにこう言ったわ。

――君はあわれな馬鹿者さ。

イリブは驚くべき精神的かつ美的な柔軟さをそなえたバスク人だった。だが嫉妬にかんしては真のスペイン人だった。わたしの過去は彼をさいなんだ。

イリブはわたしが彼なくして生きた過去のすべてを、一歩一歩、わたしとともに生きなおし、失われた時の流れをさかのぼろうとしていた。ある日、わたしをオーヴェルニュのモン＝ドールの山奥に連れて行ったことがある。若い頃のわたしの足跡に足を踏み入れたかったのだ。わたしたちは叔母たちの家に再会した……あのチュイルの並木を歩きながら、わたしは本当に人生をやりなおしている気がしたわ。わたしは残って、イリブが一人で先を行った。どんな理由を言ったかもう覚えていないけれど、叔母たちに会いたいと言った。これほど年月がたっても叔母たちはまだわたしに気をゆるしていないだろうと思った。だから、もしわたしが姿を見せたら会ってくれないと思うと答えた。

もどってきた彼は満足していた。わたしが彼に描いてみせたすべてをそっくり再確認して、心を落ちつかせていた。ただ、故郷の人たちには会えなかった。スコットランド製の羊毛のチュヴィオットやアルパカなんて着ているひとはもう誰ひとりなく、今ではギャルリー・ラファイエットで買った服を着て、丸襞の美しい婦人帽は消え失せていた。

＊1　イリブ（ポール）　1835-1935　イラスト画家。ポワレのファッションをイラスト化した『ポール・ポワレの衣装』でデビューし、二〇年代にはその才能を買われて『ヴォーグ』のイラストを担当すべく渡米、映画の装置にもたずさわる。フランスに帰国後、シャネルと親しくなって結婚を約束するが、シャネルの南仏の別荘で急死する。

＊2　デミル（セシル・B）　1881-1959　二〇年代ハリウッドの映画監督。大掛かりな超大作を手がける。代表作に、「十戒」「キング・オブ・キングズ」など。

16　クチュリエ的ポエジー

マヌカンがショーをしている間、ジャーナリストたちが退屈しないように、特に外国のレポーターがコレクションを良く理解できるようにと思って、あるときコレクションを説明する小プログラムを印刷させることにした。服にもナンバーをつけ、それぞれ価格もつけるようにした。ごく初歩的な言葉でコレクションのエッセンスが書いてある。要するに、ジャーナリストの苦労を減らしてやる一種のコメントね。ご親切にも出来あがった記事を渡して、その夜のうちに電報できるようにしてあげたわけ。大好評で、コミッショナーも各紙の編集長も礼を言ってよこしたわ。クチュリエはさっそくこの「オリジナル」なアイディアに飛びつき、洗練された文を書こうと文案を練りはじめた。彼らは芸術家であるばかりか、作家であり、時には思想家でさえある。プレスがそれをとりあげ、コメントをつけ、批評してもちあげた。

こういうわけで、あの大げさな抒情が生まれ、わたしが「クチュリエ的ポエジー」と呼ぶあの甘ったるい文章がつくられることになったのだ。貧しくて、無駄で、しかもお金のかかる宣伝ね。

このごたいそうな叙情性は服の命名のときからもう姿をのぞかせている。服の名というのは、ほかの店ではそれがコレクションの飾りになっているからよ。あまりにお笑い草なものだから、わたしは自分の服にはナンバーしかつけないことにした。同業のPなど、「若き司祭の夢」なんて名の服をつくったことがなかったかしら？　滑稽さはすべてをぶちこわしにするけれど、Pのやることはことごとく滑稽よ。

クチュリエ的ポエジーは天才と隣り合わせ。クローデル、ヴァレリー、シャルル・デュ・ボス、[*1]カフカ、キェルケゴール、ドストエフスキー、ゲーテ、ダンテ、アイスキュロスまで引き合いにだされる始末。たかが「美の認識」だの、「クチュリエの存在」[*2]だの、「ラインの理論」だの、「口実」だの、「存在と公理」なんてものなのに！　マン・レイの流派には、写真版のクチュリエ的ポエジーがあり、ピカソの流派にはカッサンドルの注釈つきの絵画版クチュリエ的ポエジーがあるし、クチュリエ的ダダ、クチュリエ的シュルレアリスムがあって、そのうち、実存主義のクチュリエ的ポエジーができるでしょうよ。クチュリエ的スタハーノフ運動[*3]というのもあったわ。スキャパレリ夫人[*4]は工場まで服を見せに行ったわよ。

クチュリエ的ポエジーはカクテルや舞踏会、晩餐会にも及んでゆく。VIPと呼ばれる連中があふれ、温室の花々が咲き乱れ、蘭の花の上を歩くってわけね。

——これほどまでして、あげくに、もし売れなかったら！　LもPもWもMもそろって溜息をついていたけれど……

「あげくに」売れなかったら、つまりそれは失敗ということ、クチュリエ的ポエジーなんて脳天気なことは言っておれない、財政危機の方がはるかに重大ということだ。シャンペンの栓が飛べば、それだけ売れそこないの危険も大きくなる。ポワレの舞踏会は大成功したけど、あれには後日談があるのよ。千六百万フランの負債。

わたしは、広告に一銭もかけたことがない。

広告を維持するために、クチュリエは大げさなふるまいに出る。それはナンセンス以上のコントルサンス、つまり意味のはきちがえだ。大げさな装いは個性をそこなうのよ。たとえば反対色のコーディネートなんて、もう時代遅れ。そんなものが似合うのは舞台の上だけよ。街ではどんな女もそんな色を着こなせるほど美しくはない。十分間、舞台に登場する服なら何でも我慢できる。だがそれを一晩中着ているなんて災難よ。鍋のかたちをしたポケットだとか、コーヒーの受け皿ほどもあるボタン、鼻のかたちをした装飾、背中についた口、眼や手のかたちをした毛皮の脚なんてものはごめんだわ。スカーフにエリュアールの詩を書いたり、ハンカチいっぱいにアラゴンの詩を印刷したり、いろんなものがあったけど。結果は、ここでもまたすぐに現れた。奇をてらったモードでアメリカ人客をおびきよせようとしたのだが、逃げられてしまったのだ（「アメリカ人にうける」のがクチュリエ的ポエジーの固定観念なのよ）。現代は良き趣味が大西洋を越えて広まり、アメリカ人も大げさなものには疑いの目をむけはじめていて、そんなみえすいた罠《わな》は見向きもしない。ジャーナリストのマリー＝ルイーズ・ブスケ[*5]やジェフロワ、クリスチャン・ベラール[*6]といった面々がこうしたクチュリエ的ポエジーにいちばんこだわる人たちだった。『マリ・クレール』は大衆むけの夢を売ることに甘んじていればよかったのに、『ヴォーグ』や『ハーパーズ・バザー』になろうと腐心している。庶民の女性が『マリ・クレール』の実用的アドバイスに従った日には、一日に五時間も美容の勉強につぶさなければならなくなるわ。

こんなふうに前衛芸術を批判したりすると、言われそうね。

——あなたは何についても満足しない。

そうですとも。わたしは一度も自分に満足したことがないのだ。どうして他人に満足したりできるだろう？　そのうえわたしはお説教が大好きときている。

おまけにわたしは羞恥心が強い。羞恥心はフランスのもっとも美しい美徳だと思っている。羞恥心の欠如した人にはうんざりさせられる。そういう人には羞恥心を取り戻してあげたくなるわ。羞恥心を欠いた人を前にすると、何かを横領されるような気がする、バッグをこじ開けて、強奪されているような。

……クチュリエ的ポエジーについてまだ語り終えていないわ……

話のなりゆきで、性倒錯者のことを話したい。彼らはいまだにモードに影響力をふるっている。その影響力は、フリーメーソンが急進主義に及ぼし、ドミニコ修道派が人民戦線に及ぼした以上のものがある。

同性愛者は女の敵だ。だが同時に同性愛者は女にいちばん近い。馬鹿な女は、同性愛者を弱くて奇妙であまり危険のない人間としか思わないが、知的な女なら、同性愛者のなかに、自分を見ぬき、理解し、内心の声を聞き取る男を見出すはずよ。そして女はみな、愚かな女もかしこい女も、ほめられるという罠が大好きだ。たくみにお世辞を操ったり、わざとほめそやしたりするわざにかけて同性愛者の右に出るものはない。だから女は彼らの標的になる。だのに女はいつでも彼らの言うことを信じたがる。女は彼らが大好きなのだ。だいいち彼らは女と同じ辛辣な言葉、残酷な調子に満ち、親密なようでいて偽善に満ちた、暗黙の言葉をしゃべる。倒錯者は何を前にしてもひるまない。彼らのことを考えるとノアイユ夫人[*7]を思い出すわ。

――どうしてまたあのご婦人に、あんなぞっとする帽子のお世辞などおっしゃることができましたの？　けばけばしくて、大げさな型のあの帽子をかぶってお宅に入り、人目をひきましたわよね。でもあなたともあろう方が本当に感心なさったわけがないでしょう？

――黙っているより、いっそ全部好きになってしまう方がいいと思ったの。

アンナ・ド・ノアイユはそう答えたわ。

倒錯者はいつも女の足もとにひれ伏す。「美しいひと、かわいいひと、わが天使、至高のひと……」彼らはそれでも足りないと思っている。女もそうだ。彼らは女の首にお世辞の飾り輪をつけ、甘いへつらいの首飾りを贈り、それで女の首を絞める。女性の友達は大喜びだ。こうなると女はもう男を喜ばせるためではなく、同性愛者を喜ばせ、ほかの女たちを驚かせるために装うようになる。女は度を越したものが好きだからだ。

――あの人たちって素敵！　何て趣味が良いのかしら！

なんて言ってね。

まったく彼らときたら良い趣味をお持ちだわよ。たとえば眉毛を抜いた女なんて彼らの好み。そんなふうにすればライバルの女たちが皮をむかれた牛の頭みたいにグロテスクな顔になると思ってうれしいのよね。生え際だけ黒く地毛の残った金髪だとか、足を駄目にしてしまう整形靴だとか、脂臭い顔なんてのも好きね、さぞかし男に嫌われそうだもの。そのうえ首尾よく女に胸の切除手術でもさせた日には、やったぜ！　ユベナル[*8]、とばかりにご満悦よ。

こうした「醜悪なオカマたち」のたくみな陰謀にのせられた若い女性が、変なことにひきずりこまれたあげく死んでしまった例をたくさん知っている。死、ドラッグ、醜さ、破産、離婚、スキャンダル、女との競争に勝って復讐する種にうってつけのものばかり。同性愛者というこの気のふれた連中は女になりたいと望んでいるけど、それってひどく病的な女なのよ。それでもまだ女は言う。

——あの人たちって素敵！

女に勝つために、彼らはいたるところで影のように女の後をついてくる。もちろんベッドだけは別。頭のおかしいこの連中は、室内装飾家だとか美容師だとか、インテリアデザイナー（！）だとかになり、とりわけクチュリエになる。そうして女たちに命とりの奇抜なおしゃれをさせて、人工地獄に追いやってしまう。その地獄の底に、知りあいだった昔日の美女たちの姿が浮かんでくるわ。ベアトリス、フロリモンド、クラリッサ、バルバラ、こうして名をあげていっても、両手にあまる数にのぼる。

わたしが《同性愛者》というのは、同性愛者的精神を指して言っているのよ。そうするとずっと範囲が広くなる。たとえば、誰でも知っているでしょ、家庭の良き父というタイプ。上手に子どもをあやし、舞踏会では壁の花になって自分の娘にふさわしい相手を探すような男たち。彼らはまさに無意識の同性愛者よ。社交界の衛兵であり、デカダンスの奨励者である彼らは、この魅惑的な疫病をうつす細菌なのだ。ひどく下品な帽子を考えだしたり、重々しいドレスを称賛したり、高いヒールについて長々とわざとらしいコメントをよせたり、白いサテンのキルティングの家具を薦めて有害な影響を及ぼしたりするのはこうした男たちなんだから。おしろいや赤い爪が好きなのはまさしく彼ら。こういう男たちは口やかましくてしかもずるがしこい軍隊を形成している。髭を生やし、不潔で、垢じみた鬠をつけ、爪を丸くして薄汚れた歯をした皮肉屋の同性愛者たちは、こうした軍隊の在りかを知らせているようなものよ。彼らには古参の衛兵たちのような前衛的趣味はないけど、軍の衛兵と女性の間をとりもっていて、そういう雰囲気をつくりだしている。そういう彼らにとって、願ってもない乗り物がクチュリエ的ポエジーなのよ。

……そしてそれ以上に嫌なのがクチュリエ的芸術！　クチュールはテクニックであり職業であり商売だということをもう一度くりかえして言いたい。クチュールが芸術を理解することだってあるかもしれないし、それだけでもたいしたことだが、さらにクチュールが芸術家を感動させたり、芸術の車に乗って栄光への道をのぼってゆくことだってあるだろう。帽子の飾りリボンがアングルのデッサンのなかで不滅のものになったり、ルノワールの絵でそうなったりする例もあるかもしれない。けっこうなこと。だがそれは偶然だ。たとえていえば、トンボがモネの睡蓮を本当の舟と思ってその上にとまるようなものね。服装が彫刻の人体美に肩をならべようとしたり、ヒロインの崇高さを際立たせようとしたりするのは勝手よ、ご立派だわ、だからといって、クチュリエが芸術家のように考え、みずからそう言い聞かせ、装い、芸術家ぶってよいということにはならない……。そんなことをするうちに、なりそこないの芸術家になるのがおちよ。

戦争が始まる三年前、ジャーナリストとクチュリエ的ポエジーの大部隊が、わたしを最大の攻撃目標にした。戦闘を指揮したクリスチャン・ベラールは、わたしがダリと仲良しなものだから、憤激していたけど。

＊1　**シャルル・デュ・ボス**　1882-1939　批評家。カトリック世界とベルグソン哲学に傾倒しつつ、生涯にわたって膨大な『日記』を書き綴る。芸術家たちとの交遊の日々とともに、内省的な魂の記録として名高い。

＊2　**マン・レイ**　1890-1976　アメリカの写真家・画家。一九二一年からパリに移ってシュルレアリストたちと親交を結び、前衛写真の先駆者となった。一時期、ファッション写真を手がけたこともある。シャネルが彼に撮影させたポートレイトは幾多の肖像写真のなかでももっとも有名な一つ。

＊3　**スタハーノフ運動**　社会主義時代のソ連における生産性向上運動。

＊4　**スキャパレリ夫人**　1890-1973　イタリアのデザイナー。シュルレアリスム芸術に影響をうけ、機知に富み、奇抜でひとを驚かせるようなデザインを売り出して注目をあびた。なかでも「ショッキング・ピンク」は名高い。

＊5　**ブスケ（マリー＝ルイーズ）**　『ハーパーズ・バザー』フランス語版の編集長。政治家フィリップ・ベルトローの愛人でもある。毎週サロンをひらき、シャネル、コクトー、ポール・モランなど華やかなパリの名士たちを集めた。

＊6　**ベラール（クリスチャン）**　フランスの画家・舞台芸術家。5章注＊8（74頁）参照。

＊7　**ノアイユ夫人（アンナ・ド）**　1876-1933　ベルエポックの貴族社交界の女王の一人。文才豊かな詩人・作家でもあり、数多くの作品を残した。

＊8　**ユヴェナリス（英語ではユベナル）**　50-130頃　風刺詩人としてローマの都市風俗と権力を痛烈に揶揄した。良く知られている「パンとサーカス」という表現はユヴェナリスのもの。女性を揶揄した詩でも知られ、女嫌いとみなされている。

17　富について

確かに金は呪われたものなのかもしれない。だが、わたしたちの文明全体が悪の精神に由来してはいないだろうか。原罪がなければ、宗教もない。呪われたものというなら、なおさらお金は浪費しなければならない。

わたしはお金の使い方で人を判断する。

わたしは女性にこう言うことにしているの、小銭入れを持っているような男とは絶対結婚しちゃいけないと。

そうよ、お金は儲けるために夢中になるのじゃなくて、使うためこそ夢中になるべきよ。稼いだお金はわたしたちに理性があったということの証明にすぎない。事業でも一枚の服でも、もしそれが何一つ得にならないとしたら、失敗したというだけのことだ。富は蓄積ではない。その逆で、富はわたしたちを自由にするためにある。「わたしはすべてを所有したが、すべては無にすぎない」というあのローマの賢人皇帝マルクス・アウレリウスの言葉は真実よ。真の文化は何かをそぎ落としてゆくが、モードにあっても、美しすぎるものから始まってシンプルなものへ到達するのが普通だ。

このことはまたモードの話のときにもふれるけれど、ここではさしあたり、お金がなくてもエレガントになれるとだけ言っておくわ。

ところがお金のための金、この味気ない宝への執着心は、いつ見てもおぞましい。


金、それは美しいものではなく、便利なものなのだ。

あると物が買えるからというので女が金を愛するのは自然だが、女が金に執着するようになるとこわい。契約だの年金だの生命保険だの貯金の満期について話したりすると、美人の顔も台無しよ！　わたしはね、ミーハーだから、自分の仕事のことだけ考えて、仕事が終わると、トランプ占いとかひとのうわさ話とか、その日の出来事とか、くだらないことしか考えないわ。


わたしが心底浪費したいと思う唯一のもの、それはわたしの力。説得し、あたえるためなら、よろこんで持てる力をふりしぼる（もっと先で、モードはクチュリエが時代にあたえる贈り物だと言うつもりよ）。仕事でも恋愛でも友情でも、受けとるよりあたえる方がずっと好き。わたしは何百万と浪費した。わたしがつきあった男たちは世界でも一、二を争う金持だったが、もっとも高くつく人たちだった。

物を買うのは好き。嫌なのは、いったん買ってしまうと所有することね。小物やら古着やら化粧品なんかをあつかう小さなブティックは夢中にさせるわ。ディケンズの小説やバルザックの『あら皮』にでてくるような骨董品店も大好きよ。街に出ると、十年前に自分がやっていたような思いがけない創意にあふれた「かわいいブティック」に入りこんでしまう。

所有しようとする人たちには嫌悪を感じる。お金でも本でも物でも、人間でも、いちど借りたものは二度と見ない方が好き。

わたしが執着するのは馬鹿げたもの、無にもひとしいもの、なぜならポエジーはそこにひそんでいるから。人間の不幸のほとんどは、感情的な不幸にしろ社会的、精神的な不幸にしろ、わたしたちが何一つ諦めることをしないことからきているわ。

お金への執着というのは生理的なもの、病気のように襲ってくるものよ。一つ、実際にあった話をしてあげるわ。モーパッサンの短編かと思うような話よ。バカンスでロックブリュンヌの別荘にいたときのこと。わたしは会計士のアルセーヌ氏を呼びよせた。「借り方」と「貸し方」に明け暮れて年を重ねた紳士は、妻と娘を連れて二等列車でパリからやって来た。アルセーヌ氏とその家族は三日間わたしの客だった。三日目に、仕事が終わったあと、アルセーヌ氏が南仏に来るためにスモーキングを新調し、いちどは袖を通してから帰りたいと思っているのを知った。「ご心配なく！　アルセーヌさん、今晩モンテカルロにご招待しますわ」。わたしたちは賭博室に入った。

アルセーヌ氏は、札束が舞い、プレートが上下し、硬貨が転がるのを見た。五分間で、アルセーヌ氏は一年分の給料分勝った。わたしは寝に帰った。アルセーヌ氏は残った。大金を稼ぎ、全部をまたすって、朝方、帰ってきた。そしてパリに帰還。二カ月後、カンボン通りの会計に大きな穴があいていた。やがて判明したことだが、アルセーヌ氏はふたたび汽車に乗り、二度にわたって、日曜日、モンテカルロにやって来ていたのだ。

金は人生を飾る楽しみをあたえてくれる。だが金は人生ではない。

宝石も同じこと。たいそう美しい宝石ほど偽物の宝石に似たものはない。見事な石に焦がれたりする必要がどこにあるのだろう。首のまわりに小切手をつけるのと同じことではないだろうか。宝石は、彩りという価値、神秘的な価値、装飾的な価値、カラットに換算される価値以外のあらゆる価値をもっている。もし宝石が、抽象的な記号にすぎないのなら、それは下等さと不当さと老いの記号だ。すごく立派な宝石を見ると、皺とか未亡人のしなびた肌とか骨ばった指、死、遺言、公証人、葬儀屋なんかを連想してしまう。小麦色に日焼けした耳たぶに真白なイヤリング、こういうのがわたしは好き。ある日、リドで、上品なアメリカ女性がパラソルの下に座っていたわ。これから泳ごうとしている若いアメリカ娘はみな彼女に自分の宝石をあずけていた。しまいにはその女性はあのオーヴェルニュの聖マリア像のカボションみたいになっていた。サンマルコ聖堂の宝物も彼女のそばでは色褪せそうなくらい。「もし彼女たちが真珠を波に、母なる海に返したら、どれほどの若い娘がもっと美しくなるだろう」と思った。「彼女たちの宝石も、太陽に焼けて金色に光り、砂に焼けた肌にあわせたら、どんなにキラキラと輝くことか！」ある夜会で、ほかの女性が身につけた髪飾りや腕輪からじっと目を離さず、妬ましさに血走った、吸い寄せられるようなまなざしを見て、わたしは想いにふけった。わたしは、スカーフを貸したり、靴を貸したりするのと同じように自分の宝石をひとに貸すのが大好きなの。わたしの宝石を借りた女たちが自分の姿を眺めて感じるよろこびと、わたしを殺したいと思う気持ちが仄《ほの》見える感謝の微笑みを見ると、いつまでも見ていたいくらいだわ……。

高い布地や高価な素材で織った布地もそうだけど、高価な宝石をつけたからといって、女が豊かになるわけではない。身なりがぱっとしていなければ、宝石をつけてもそのままよ。宝石は、誰のところで、誰のためにつけるかに応じて、それぞれの使い方がある。わたしはよろこんで宝石をじゃらじゃらつけることにしているわ。わたしがつけるとみな偽物に見えるからよ。宝石で人の目をくらまそうだなんて執念は、胸がむかつく。宝石は嫉妬をかきたてるためにあるのじゃない。せいぜい驚かせるものよ。そう、宝石は、無邪気に、素朴に、自動車でさっと通り過ぎるとき道端で咲いているリンゴの花を楽しむように眺めるべきものよ。庶民の女性はよくわかっている。彼女たちにとって、宝石は社会的地位の一部。王冠のない女王は女王じゃない。一九三六年の春、パリで革命が起こったが、カンボン通りのわたしの店でも革命があった。[*1]わたしは反乱した従業員に話しにゆこうと決心した。「マドモアゼル、宝石をおはずしください！」アンジェルがひどくこわがって言った。「わたしのパールの首飾りを全部もって来てちょうだい。パールをつけずには仕事場には行けないわ」。わたしはそう答えた。わたしは自分の従業員に敬意を表したかったのだ。

＊1　第二次世界大戦をひかえて社会情勢はゆらぎ、いろいろなところで労働者の権利を主張する社会主義運動が起こった。社会のこの波はシャネルの店にもおよび、お針子たちがシャネルにたいしてストライキの挙にうって出た。初めは頑として譲らなかったシャネルも、長引く交渉に負け、労働時間の削減や有給休暇など、従業員の要求に応えることになった。次章の「社会事業」もこうした社会の動きを前提にしたものである。

18　社会事業

わたしは六人ほどの縫い子とともに仕事を始めた。それが三千五百人にまでなった。

一九三六年、そこら中で起きたように、わたしのところにも職場のストライキがあった（ストライキを発明した人は天才ね）。それは陽気で魅力的だった。店中にアコーディオンの音が響いていた。

――あなた方の要求は何なのです？　給料が少ないの？

――そうじゃありません。（わたしのところは他のどこよりも給料が良かった。わたしは働くことがどういうことか知っていたからだ。マダム・ランヴァン[*1]なんて、わたしが縫い子を引き抜くと言って訴え、わたしを軽犯罪所に送りたがったくらいだ）。

――何が要求なんです？

――マドモアゼルにほとんどお会いできません。マヌカンばかりがお会いして。

それは愛のストライキ、心の飢えのストライキだったのだ。

——あなたがたのために何かしたいわ。

わたしは責任者に言った。わたしの家を贈りましょう。

CGT（フランス労働総同盟）からは感謝された。組合の代表団が派遣されてきたわ。新しいパトロンたちは運転資金のなかから資金を調達しにゆき、まもなくもどると約束した。それで、今もまだ待っているわけだけど。

ランド地方のミミザンに、労働者たちのバカンス村をつくったこともあるわ。数百万かかったが、後悔していない。三、四百人の女性が泊まれるコテージを建てた。わたしは旅費を保証し、労働者を怒らせないように、二等車で、法定の二週間を延ばして一カ月の有給休暇をあたえた。三年間続いた。このバカンス村はきれいで、素敵な場所で、とても楽しかった。ミミザンを監獄みたいにはしたくなかったもの。

三年後、市長がやめてくれるようにと頼みに来て、やがてやめるようにとの命令に変わった。理由はこうよ。縫い子たちがランド地方の男たちをあさるからなんだって。ランドの女たちはまだこんな状況についてゆけなかったのね。

＊1　マダム・ランヴァン　シャネルと同時代のクチュリエ。「序」注＊27（16頁）参照。

19　ストラヴィンスキー

一九二…年、ストラヴィンスキー[*1]と知りあった。そのころ彼はロシュアール通りの、プレイエル老人のところにいた。ストラヴィンスキーはまだコスモポリットにはほど遠く、やることがとてもロシアふうで、チェーホフの小説にでてくる官吏のような様子をしていた。大きな鼻の下にちょび髭を生やしていた。まだ若くて、おどおどしていた。わたしは彼が気に入っていた。その頃強く惹かれていたのはピカソだったが、ピカソは自由の身ではなかった。ストラヴィンスキーはわたしに求愛した。

——あなたは結婚しているのよ、イーゴリ。もしカトリーヌが知ったら……

答えも、とてもロシア的だった……

——妻はわたしがあなたを愛していることを知っています。こんな重大なことを、彼女以外の誰に打ち明けられるでしょう。

嫉妬まじりに、ミシアがうわさ話をしはじめた。自分の外で何かが起こっていることをかぎつけたのだ。

――あなたたち、何をしているの？　どうしようっていうの？　イーゴリがあなたの犬を散歩させているってうわさよ！　どういうこと？

――ガヴォー・ホールでコンサートを開けそうなんですが、保証金が足りないのです。

ある日ストラヴィンスキーがわたしにそう打ちあけたのよ。できるだけのことはするからって、答えたわ。指揮のアンセルメ[*2]が請け負ってくれて、万事うまく運んでいる。

――今度はミシアに話さなければならないわ。

わたしはストラヴィンスキーに言った。「話しに行って」

ストラヴィンスキーは出かけた。

翌日、日曜の朝、わたしは徒歩でロンシャンに散歩に出た。

ミシア。「不安で胸がいっぱいよ。もしストラヴィンスキーがあなたの金を受け取ったらと思うと！」

わたしはディアギレフのときにも、この「……と思うと！」を言われたことがあった。だが今度はミシアはまったくスケールのちがう破局の心配をしていたのだ。ストラヴィンスキーが離婚してわたしと結婚するのではないかと思っていたのである。セールもミシアに肩入れしていた。彼はイーゴリをわきに呼んだ。

——キミ、カペル氏からマドマシェルをよろしくと頼マレテイルヨ、君ノヨウナヒト、デクノボ……

ミシアがわたしの方に来て、ドラマを煽った。

——ストラヴィンスキーは隣の部屋にいるわ。あなたが結婚してくれるかどうか知りたがっている。手をねじっているわよ。

そう言うと、恋の苦悩が大好きなセール夫妻はストラヴィンスキーをいたぶった。とうとうある日わたしはアンセルメに言った。

——ばかげているわ。セール夫妻はおかしいわよ。みながうわさしている。ピカソも文句を言ってるわ。イーゴリを帰して欲しい。そして、みな仲良く友達でいたいわ。

ストラヴィンスキーはもどってきた。毎日もどってきてわたしに音楽のレッスンをした。わたしが少しでも音楽のことがわかるのは彼のおかげよ。彼はワーグナーを語り、ロシアで嫌われもののベートーヴェンを語った。とうとうある日、ストラヴィンスキーが言った。

——バレエ団がスペインに発つんだ。いっしょに来て欲しい。

——会いにいくわ。

わたしは一人パリに残った。このどさくさに、ドミトリイ大公が[*3]パリにやって来た。一九一四年以来の再会だったが、ディナーを共にした。翌日も会った。とてもうちとけたムードで、こう誘った。

――青のロールスロイスを買ったばかりなのよ。モンテカルロに行きましょうよ。

――お金がないんです……一万五千フランしか……

――わたしも同じくらい出すわ。三万フランあれば一週間は遊べるでしょ。

わたしたちは出発した。

ミシアがじっとなりゆきを監視していた。スペインにいるストラヴィンスキーにむけて、ただちに電報を打った。

「ココはミーハー、芸術家より貴公子が好き」

ストラヴィンスキーはあやうく死にかけた。ディアギレフが電報をよこした。

――来ないでくれ。彼に殺される。


こんな恋のアヴァンチュール、今日だから笑ってすませる話だけれど、イーゴリの人生はすっかり変わったわ。失恋が彼を変貌させたのよ。影の薄い、臆病な男が、ふつう失恋したらそうなるような人間とは逆の変わり方をして、片眼鏡をかけた非情な男になった。征服される男が征服する男に変わったのだ。多くの音楽家同様、イーゴリは優れた事業家になった。芸術家の義務をきわめて正確に把握し、芸術家の利益をしっかり護っている。

あの裏切りの電報のあと、一週間の間ミシアと喧嘩した。そんなものは決して送った覚えがないと彼女は誓った。またしてもわたしは彼女をゆるしてやった。とにもかくにもミシアは運命の輪を回し、頁をめくったのだ。彼女は介入してきた。そして、その日以来、ストラヴィンスキーとわたしは、もうどちらも前のことをむしかえそうとしなかった。

＊1　**ストラヴィンスキー（イーゴリ・フョードロヴィッチ）**　1882-1971　ロシア生まれの作曲家。リムスキー＝コルサコフに師事する。パリに亡命し、ディアギレフの依頼をうけて「火の鳥」「春の祭典」などを作曲、ロシア・バレエの原動力となってセンセーションを巻き起こす。第二次大戦中、アメリカに移住する。

＊2　**アンセルメ（アーネスト）**　1883-1969　スイスの指揮者。ディアギレフの舞台の指揮に協力し、後にスイスの楽団の常任指揮者となる。

＊3　**ドミトリイ大公**　1891-1942　ロシア皇帝アレクサンドル二世の孫。父はロシア皇帝の甥。ラスプチーン暗殺にかかわって事実上国外追放の身となり、ロンドン、次いでパリに亡命し、二〇年代にシャネルと親交を結ぶ。

20　社交人士

　ここで少し今の時代にたいする不満を言っておきたい。退屈な人は読み飛ばしてくれればいい。わたしがクチュール界のレオン・ブロワ[*1]になって、偏屈者あつかいされているのはわかっているわ。よく言われるとおり、わたしはアナキストなのよ。

　わたしは社交界の貴族たちを雇った。虚栄心を満たすためでもなければ、彼らを貶《おとし》めようとするためでもなかった（貶めようとは思ったけれど、そのためには別の方法を採った）。とにかく彼らは利用価値があり、私の用を務めてパリ中を駆けまわっては情報を提供してくれた。その間わたしはゆっくり寝ていて、しかも何にでも通じているわけ。マルセル・プルーストが床についたままパリ中の晩餐会の前夜の話題に通暁していたのと同じね。わたしは仕事がどういうものか心得ているから、なまくらな相手には一度として報酬を払わなかった。エチエンヌ伯爵[*2]などはよく働いてくれたものだわよ。わたしのところから人材をひきぬいて自分の配下で使う始末だもの。自邸に開いたアトリエで彼らを使っていたし、わたしの店に出したアトリエもそのまま開いていた。わたしは伯爵に暇を出したわ。支払った額にみあった仕事をしてくれなかったからだ。文学だろうとクチュールだろうと、しろうとがプロの位置を奪ったりしちゃいけない。稼ぐことをお遊びにするのはまちがっている。

文学といえば、もう十何年も前のことだけど、アメリカのある新聞から、「マドモワゼルCが◇◇について思うこと……」といった類いの月刊コラムを書いてくれと依頼されたことがあった。何回か書いて、すぐに嫌になった。それで編集者にマルト后妃……に書かせてみたらと提案したの。古式ゆかしい墓の彼方の回想を綴ったら素敵じゃないかしら。アルマン夫人[*3]のために筆をとるアナトール・フランスというわけで、わたしがそのアルマン夫人になり、后妃にインスピレーションをあたえる役を務めるからと言ってやった。要するに、それらしい雰囲気を匂わせて、そこにわたしが登場するという趣向なのね。ところがこのプリンセスの書いた記事ときたら、まるでおとぎ話。第一回から、半分は自画自賛、四分の一はパリ賛歌、パリは自分を照らし出す「光の都市」というわけ。あとの四分の一にわたしが登場するの。こんなふうよ。「パリは薔薇色、真珠色だった。甘美な季節。わたしはカンボン通りに車をとめた。歩道に足を踏み出した。黄色いセーターが目にとまった。若いクチュリエールたちのつつましくも創意に満ちた才能に目を奪われて店に入った。彼女たちの作品はわたしたち大貴族の望みを見てとってきたようだった」なんて調子。どんなものか見当がつくでしょう。プリンセスは原稿料をもらえなかったわ。まともな仕事じゃないもの。

わたしは外国人をよく雇った。フランス人は自分が何かしてもらうためには熱心なくせ、誰にも借りをつくりたがらない（わたしは逆で、他人のためにひとに頼むのが大好き）。パリジェンヌの服をただでつくってあげていた時期があったけど、彼女たちときたら自分に支払能力があることを証明するためにわたしの悪口を言っていたわ。だけど結局、わたしが金をだして終わるのよ。

——なぜあの方々たちにこんなお金をあげる真似をなさるのです？
——わたしの悪口を言わせるためよ。

上流階級の友達を旅に誘うと、支払うのはいつもわたしだった。社交界の人たちはタダで楽しめるとわかると必ず楽しくてチャーミングな人たちになるからだ。わたしは彼らのご機嫌を買っていたのね。実際、彼女たちのずるさには抵抗しようがない。ベルリンの旅で（これはイタリア人の公爵夫人だったが）、素晴らしい毛皮のコートが届けられた。前夜泊まったホテルのチェックアウトの間際だった。わたしはその朝機嫌が悪かった。

——お支払いはお断りするわ。
——何、支払う必要なんてありませんよ。と彼女の男友達が答えた（もちろん公爵夫人は男友達を連れていたのだ）。
——どうして？

──支払わずに出発するんですよ。オーレリアは店に自分の名を言ってこなかったのです……。つまりはわたしの口座をあてにしたたていの良い泥棒ね。オーレリアは大好きよ。彼女は四半世紀遅れてきた高級娼婦なのよ。

そう、確かに社交界の人びとはいっしょにいると誰よりも楽しい。よく笑わせられるわ。エスプリがあって、機略に富んで、うっとりするほど偽善的で、上質のいたずらっけがあり、時宜にかなった無礼さをそなえていて、たいそう辛辣。ぴったりのタイミングで入ってきて、必要な時に立ち去るすべを心得ている。

それは認めるけれど、金持ちのド・R男爵夫人や、あれほどエレガントなB夫人が、ドレスを手に入れるためにわたしの同業者のP（神よ、彼の魂をまもりたまえ！）と寝た件については、こんな時代がこわくなるわ。払おうと思えば十分払えたはずなのに。もちろん夫も愛人も知っていたのよ。こういうことになると、わたしはアナキストよ。こんなことが続いて、もっとひどくなるようだったら、過激派の方がましだわ。それに、社会はわけのわからない理由で消滅するものじゃない。こんな些細なことから潰れてゆくのよ。

社交界の名士たちが祖先から継いだものは、商業上の誠実さのイロハにたいするまったくの無知。彼らにとっては毎日が日曜日、誰もが日曜紳士ね。事業などにかかわらなければ、社交界だけのことに限られていいけれど、何たることか、今の時代は彼らも事業に手を出してくるのよ。社交界の名士がクチュール界でも君子である例などお目にかかったためしがないけど。

友人のド・V夫人が、パリの主だったクチュリエを招き、美しい自邸で小テーブル式の晩餐会を開いたことがあった。本当をいえば、祝宴の王様に決まっていたのはほかでもないあのPだった。ディナーの前に庭でカクテルがふるまわれた。女主人は、口頭で、どうぞお席へと頼んだ。わたしは彼女のテーブルに行った。そのテーブルに席があると言われていたのに、席はなかった。別の席がしつらえられるのを待つ間、ほかのクチュリエたちが場を仕切っていた。衝立の前の小卓が目にとまったので、一人でそこに座った。その日給仕長を務めていたのはわたしのところにもよく勤めにくるシェフだったので、真っ先にわたしの村八分に気がついた。

——そんなところでマドモアゼルがお一人でいるなんて。

——とても良い具合よ。コールドチキンをいただくわ。

——どうぞ、シャンパンをお持ち致しました。本物です。テーブルによって本物と偽物がありますので。

わたしは大きな眼鏡を取りだし、面白がって観察した。Pを囲んであの輝かしいパリ社交界がそろっていた。みなわたしたちの上客だ。祝宴は魅力的だったが、恐怖が支配していたのもまちがいない。わたしの友人たちはさぞかしわたしに挨拶しに来たかったことだろう。だが彼女たちは次のイヴニング・ドレスを取りあげられるのがこわくてそれができないのだ。

結局、わたしにはデザートもこなかった。翌朝、当然ながら、前夜の女主人が電話をしてきて、わたしが置き去りにされていたのに気がついたのが遅すぎたと弁解した。あなたはわたしの親友だし、パリではほかのどのクチュリエもあなたの足もとに及ばない、などなど、嘘のお愛想をならべたてた。こうした一連のことを考えあわせてみると、真相はただ一つ、事態はもっと悪くなってゆくということだ。というのも彼女もほかの夫人同様、もとはといえば雇われ人にすぎないこのPにもはや何も拒めず、もっとうまく彼にとりいりたい一心なのだから。[*4]

王たちは消えた。だが高級娼婦たちはまだ残っている。

＊1　**ブロワ（レオン）**　1846-1917　作家・ジャーナリスト。象徴派的な作品からカトリシズムの色濃い作品に移行する。激情的な性格にくわえ、初期小説『絶望者』で合理主義を糾弾して同時代の作家を敵にまわしたので「偏屈者」のレッテルをはられた。

＊2　**エチエンヌ伯爵**　一時シャネルは伯爵に宝石デザインの仕事を委託したことがある。エチエンヌ伯爵については9章注＊14（120頁）参照。

＊3　当代随一の作家アナトール・フランスの愛人となったアルマン・ド・カイヤヴェ夫人は作家のミューズとなり、創作欲の源泉となった。プルースト『失われた時を求めて』の新興サロンの女王のモデルの一人。

＊4　Pはおそらく「モード界の帝王」と言われたポール・ポワレのこと（5章注＊7、74頁参照）。ここで

話題になっている「もと雇われ人」というのは、ポワレが独立してメゾンをひらく前、ドゥーセの店、次いでワースの店に雇われていた事実を指してのことだろう。

21　あわれな女たち

いやはや、女というものはこまりものね。だいたい、女はこんな闘争の時代を生きるようには育てられてこなかったのよ。選挙権をもちたい、タバコを吸いたい、知りもしない武器を使ってみたいといって、現にトラックを運転しているわ。事故でも起こしてくれたらありがたいのだけど、どっこい、うまく運転をこなしている。まさにそれがこまった原因なのよ。女には苦しみや涙があり、立派なピストルだって持っていた。裁判沙汰になるのはごめんだけど、それさえなければ、もっともっと権利が欲しい。男を追いかけたりする女もいるけれど、そんな女はわかっていないのよ、男は犠牲者が好きなんだということが（もちろん自分の犠牲者じゃなくて、ほかの男の犠牲者よ。男は他人の獲物を横取りするのが大好きなんだから）。

女はいつも思いちがいをしている。これもこまりものだ。何でも自己中心に考える。ゆきずりの人にさえ気に入られたいと思う、相手は知りもしないのに。女は、自分の長所が男を逃げ腰にさせるということをわかっていない。その長所が男性的なものならなおさらだ。欠点はもう一つの魅力になるのに、隠すことばかり考える。むしろ欠点をうまく使いこなせばいいのよ。そうすれば、こわいものなしになる。もしも長所があるなら、隠しておくこと。ただし、隠しているのよとわからせてほしいわね。男はずるい者が多いが、女は一人残らずみなずるい。

わたしは女に友情を抱いたことはない。ミシアだけは例外よ。彼女は一度もわたしをもてあそんだりしなかった。女は軽はずみだわ、わたしは軽いけど、軽はずみだったことは一度もない。年をとればとるほど、軽くなってゆく。よくできた女というのは女をうんざりさせるし、男にとっては退屈よ。


女というものは、これすなわち、妬み＋虚栄心＋おしゃべり＋精神の混乱。そう認めた上で、わたしは女のおしゃれ心が好き。大勢の男たち、貧しい娘、そしてたくさんの企業がそのおかげをこうむっているでしょ！　女の浪費のために死ぬ人間の数より生活できる人間の数の方がはるかに多いわ。

女は服を選ぶのに色で選ぶ。もしそうでなかったら、男と変わらないわよ。服を見る目といえば、お客ならセンスがなくても許されるけど、服を見るのが仕事なのに見る目をもたない馬鹿な連中がいる。そんな人たちにサロンの扉を開けるのはごめんだわ。

新しい服を見ると、女は分別をなくしてしまう。マヌカンの白いドレスを汚しても気がつかないほど……。女は男の真似をするが、男を良くするものは女をだめにするということを知らないのだ。

お次は食卓で化粧なおしをする女たち！　金塊のようにずしりと重たいヴァニティ・ケースを皿の横に置いて、ナプキンを使って化粧をする。フォークの横に櫛を置く。スープに金髪が入ってしまう。いちご一つ食べても口紅をぬる。白いソースの上でオークル色のおしろいをはたく。赤肉のエスカロープを食べている女を見ると、頰で食べているのかと思うほど赤く頰紅をぬっている。

そして、ベッドでの女！　黒い油をぬった彼女たちの顔ったら。油で枕もクリップもベタベタ、まぶたまでべったり汚れて。夫の男性の気の毒なこと！　もうつかまえたのだから、いまさら気に入られる必要もないのだ。昼間会うほかの男に気に入られた方がいい。特に気のない男もいるし、無視しているのでかえってそそられる男もいる。とにかく女はモードを愛する。愛人のためにモードを犠牲にしたり決してしない。男はみなわたしに言うわ、「うれしいですね！　あなたは爪を赤くなさっていない！」だけど、それを聞いても、赤いマニキュアをぬるのをやめて男性に好かれようなんて思う女は一人もない。

はじめから負け犬根性の女もいる。テーブルの下で男の足を探す。その足が引かれなかったら、とても幸せ。だのに、愛されてないと愚痴を言う！　相手の気をひきたげな話をして、男をジレンマにおとしいれる。もし相手が育ちの良い控えめな男だったら、「ゲイなんだわ」。逆に気のつく男だったら、「わたしに飛びかかってきたりして」。ひとのお手本になろうかという女たちがこうなのだから、あともたかがしれている（だけど、ほかの女の方がずっとましよ）。

女のおかげで出世した男なんて見たことがない。その逆に、女のために駄目になった男はたくさん知っている。不公平だが、たいていの男は妻を見て判断されるからだ。夫の出世を早める妻より遅らせる妻の方がはるかに多い。

男の足をひっぱる方法はごまんとあるが、だます方法はほとんどない。とんでもなく馬鹿げた買物をしたり、あきれるようなことをしでかしたり、虚栄心から誰かに憎しみを抱いたり、あるいは口が臭くても、教育がなくても、男の立場は悪くなる（これにひきかえ、だますというのは一つの意味しかない。つまりそれは恋愛感情の問題なのだ）。あるいはまた、食事の席でむっつりと黙りこくって座をしらけさせたり、馬鹿の一つ覚えをくりかえすのもこまる。流行遅れの格好も、流行かぶれも良くない。トラックを運転してみたり、むやみにはやり言葉をつかって、「ヤバイ」とか「そこまでやるのか」とか、「オッケー」とか「すごい」なんて言うのもどうかと思う。大勢の女がこうして愛する男の足をひっぱっている。

若いひとたちならいいわよ、若いのだもの。だけど年とった女の場合は最悪よ。若かった時の美貌をどうしてあれほど急いでだめにしてしまうのだろう？

そういう女たちが夫の前で言う言葉には面食らってしまう。ある時、現代作家のなかでもひときわ魅力的で女心をそそる作家がわたしの家の庭の彫像をうっとりと眺めていた。

——何と美しく心休まるひとなんだろう。

——どうぞ、お持ちください。さしあげますわ。

——あんた、そんなの、どこに置こうというのよ！　引越ししなきゃならないじゃない！

彼の妻は怒り狂った。

作家は、困惑して、

——いただくなんて、とんでもありません。ただあまりにも感動したものですから……

（翌日、その彫像を取りによこしたのはそもそも「彼女」だった）。

——さしあげるのをうれしく存じますわ。ファンですので。

——あら！

正妻は、たけり狂って、

——夫に言い寄るおつもり！

お次は有名な医者の妻。教授のスケジュールを話題にして。

——火曜日……診察。水曜日……大学での授業。木曜……ああ！　木曜日は愛のためにとっていますわ。教授は退屈なんてしていませんことよ！

もう一つ、さる実業家の妻。

――このドレス、似合わないって言うの！　着こなしが悪いのね？（ディナーの席で、夫婦喧嘩の始まり）。

――腿《もも》が見えすぎるからね……

マチス氏が答える。

――はっきり言えばいいじゃない、わたしの腿が気に入らないって。あんたが使い古したくせに！


以上は全部ほんとうにあった話。それも、パリでも名のとおった人たちの口からでたせりふよ（パリにとって幸いなことに、パリジェンヌは一人もいない。だけど、子どもじゃなくて、五十代のひとたちよ！）。


まったく、男より女がこわい。

だけど逆のケースももっと嫌ね。女学者とか女詩人とか女政治家とか。

わたしは、学者が好きな女よりも黒人が好きな女の方が好き。

二人だけ、好きな女性作家がいる。コレット[*1]とノアイユ夫人。[*2]ノアイユ伯爵夫人はわたしを幻惑するつもりだった。夫人はコクトーの注目をひこうとしていて、コクトーもアンナの作品を大事にしていた。ノアイユ夫人は食卓ではものを食べなかった。話をさえぎられるのが嫌だったのだ。酒は飲んだけれど、いったん飲むと、まるで講演の景気づけの一杯だった。まだ話は続くのよと、手で合図をしていた。わたしをじっと見つめながら、いいところにさしかかると、眼くばせして知らせていた。だいたい夫人の話を素晴らしいとわかっていたのはわたし一人だったけど。

使徒の足をして、なまりのあるあのコレットがわたしは好き。だけどコレットがあんなに太ったのはまちがっている。あれほど知的なひとなのに、肉体の大切さがわからなかったのね。美食を自慢したりして。ソーセージ二本で十分なのに、二ダースも食べるのはキザよ。肥満をもてませばあますほど、それを誇張しようとしている。もしわたしが知的だったら（いわんやインテリだったら）、うまくゆかなかったと思う。無理解、人の言うことを聞きたがらない性癖、偏見、頑固さ、それこそわたしの成功の本当の理由だったのだ。

女を相手にして面白いことはめったにない。女に友情なんてもてないわ（だいいち、いま言っていることの意味が女にはわかっていない）。そもそも友情というのは、フランスでは、賭けないのだ。

名誉という言葉は女には何の意味もない。

女は賭けをして遊んだりしない。ただ、女を相手にするとき、男が女に賭けていることはわかっているけれど。

最悪は夫婦。

「彼ら」は一人ずつだと悪くない。だけど二人いっしょになると、ほんとうに嫌な相手になる。夫婦者の友人になるなんて、できない芸当よ。夫婦は一つの連合、「結合は力なり」というわけで、そんな功利的連合なんてうんざりする。愛は相互破壊組織というのならわかるけど、互助組織なんてもってのほかだ。共謀している夫婦と同席するのは不仲の夫婦と同席するのと同じくらい難しい。夫婦は第三者の難しい立場などついぞ考えたりしない。夫婦者は決して単純でも親切でも自然でもない。ひたすら計算と思惑とエゴイズムのかたまり。非人間的よ。夫婦というのは人工的な産物で、社会的な存在なのだ。憎みあっている夫婦でさえ、他人を相手にすると愛しあっている。いがみあいつつも嚙みあって機械を前進させる歯車のようなものだ。

幸いなことに、「女は決して雄にたいする雌ではないから、これほどちがった存在がひとつの家庭には共在できる」とバルザックが言っている。なぐさめられる言葉ね。マリー・ローランサンも言っていた。「わたしは夫婦という名のあの第三者が大嫌い」

ボーイ・カペルがよく言っていたものだ。

「自分が女だということを忘れちゃいけないよ……」

わたしは女であることをしょっちゅう忘れている。

忘れないようにと、わたしは鏡を置く。鏡に映っているのは、きついカーブを描く二本の眉。馬の鼻づらのように広がった鼻腔。悪魔より黒い髪の毛。クレバスのように空いた口。その口の底に、怒りっぽくてしかも優しい魂がのぞく。そんな頭のてっぺんに、小学校の女の子がするような大きなリボン飾り。学校では余計者でしかなくて、こわくてゆがんだ女の顔を飾るリボン！放浪《ジタン》の民のような黒い肌に、白い歯と白い真珠が輝いている。からだの方は、刈り取りの後のブドウの幹のように痩せている。働き者の手には、メリケンサックのデザインの偽物の指輪。

鏡の残酷さは、私自身の残酷さを教えてくれる。わたしと鏡の険しい闘い。鏡はわたしの人品を映しだす。正確で、有能で、楽天的で、激しくて、レアリストで、戦闘的で、からかい好きで、疑い深い女。それなりにフランス女らしい。そして最後に、金色がかった茶色の眼。わたしの心の扉に通じる眼。その眼が語るのはまさにひとりの女。

ひとりのあわれな女。

＊1　コレット「序」注＊24（15頁）参照。
＊2　ノアイユ夫人　16章注＊7（163頁）参照。

22　モード、あるいは失われるための創作について

モードについては熱狂的に語らなければならない。だが錯覚は禁物。いちばん大切なのは、ポエジーだの文学だのをくっつけて考えないことだ。一枚の服は悲劇でもなければ、絵画でもない。それは魅力的でつかの間の創造であって、不滅の芸術作品などではありはしない。モードは死ななければならないし、早く死んでくれた方がビジネスにとってはありがたい。

創造の起源にあるのは発明だ。発明、それこそ種であり芽でもある。植物が成長するには程良い温度が必要だが、その温度にあたるのが贅沢ということだ。モードは贅沢のなかで生まれるべきもので、素晴らしくエレガントな女性が二五人ぐらいいても、それだけではモードは生まれてこない（だいたい、ただでおしゃれをするというのは贅沢じゃないし）。贅沢、何よりそれはつくり手の才能である。つくり手が贅沢について想いをめぐらし、それに形をあたえる。それからこの形が表現され、翻訳されて、何百万もの女たちに伝わって普及してゆく。

創造は芸術的な天分であり、クチュリエと時代との共作だ。服づくりを学びながら創造に成功するなんてことはありえない（流行をつくるのとモードを創造するのは別のことだ）。モードは服のなかにだけあるのではない。モードは空気のなかにもあるし、風もモードを運んでくる。モードは抱きしめることもできるし、匂いをかぐこともできる。モードは空にも街路にも、いたるところにあって、思想にも、風俗にも、出来事にも結びついている。たとえば現在、ポール・ブールジェ[*1]やバタイユ[*2]の小説のヒロインが良く着ていたような室内着やティーガウンがないのは、きっとわたしたち女がもはや室内にこもるような時代に生きていないからよ。

わたしは四半世紀の間モードをつくってきた。なぜだろうか。わたしが時代を表現することを知っていたからだ。わたしはスポーツ着をつくった。ほかの女性がスポーツをやっていたからではないわ。自分がスポーツをやっていたからよ。わたしはモードをつくるために外出したのではない、まさに外出していたからこそ外出のためのモードが必要だった。それは、わたしが初めてこの二〇世紀を生きた女だったからだ。

客船でもサロンでも大きなレストランでも、それが真の目的にかなったつくりになっていたためしがないのはなぜだかわかる？　一度も嵐にあったことのない設計士たち、一度も社交界にでたことのない建築家、夜の九時に寝て家で食事をするような室内装飾家たちが考えたものだからよ。それと同じことで、わたしより前のクチュリエたちは、仕立屋のように表に出ないで、店の奥に隠れている存在だった。だがわたしは現代の生活をした。自分が服を着せる人たちと物のやり方も趣味も必要も共有していた。

モードは時と場所を表現しなければならない。商業のことわざに、「客にはつねに理由がある」という言葉があるが、この語が正確で明快な意味をもつのはまさにここだ。まさにこの意味でこそ、モードはチャンスと同じく、時の女神の髪をつかまえなければならない。わたしの目に、自転車に乗った若い娘の姿が飛びこんでくる。バッグをななめにかけて、片手は上下する膝をきちんとおさえている。速い風にあおられて服がめくれ、布地がぴったりとおなかや胸にくっついている。この若い娘は、自分の必要にかられて自分のモードをつくりあげたのだ。ロビンソン・クルーソーがひとりで小屋を建てたのと同じように。素敵な娘。わたしはほれぼれと見とれてしまう。そんなわたしに追いつこうと、急いで追いかけてくるひとは誰もいない。わたしと彼女の二人だけ。見とれているうちに、自転車がぶつかってくる。二人いっしょに倒れてしまう。転んだわたしの目に彼女の裸の腿が見える。きれいなからだ。彼女が叱りつける。なおさら素敵。

――何に見とれてらしたの、あなた！

――あなたに見とれていたの。自分が流行遅れでないかどうか知りたくて。

こんなふうにモードは街に漂っている。それをキャッチして、わたしなりに表現にもたらす。そうして初めてモードが存在していたことがわかる。モードは風景のようなもの、一つの気分、つまりわたしの魂の状態なのよ。

ときどき店の者にこう言うことがあるわ。

——この服は売るわけにはゆかない。わたしのものになりきっていないから。

シャネル式エレガンスというものは存在するし、一九二五年のエレガンスや、一九四六年のエレガンスというものも存在する。だが国民的なモードというのは存在しない。モードは時間のなかで意味をもつが、場所とはかかわりがないからだ。料理にメキシコ料理とかギリシア料理があっても本当にそれらの地方の料理ではないのと同様に、ローカルな衣服（スコットランドのチェックとかスペインのボレロのように）というものはあっても、それ以上のものではない。モードはパリでつくられる。何世紀も前からすべての人びとがここで出会ってきたからだ。

それではクチュリエの才能はどこにあるのだろうか？　才能、それは予見することだ。政治家以上に、クチュリエは時代の先を読む。クチュリエの才能は、冬に夏の服をつくり、夏に冬の服をつくりだす。お客たちが灼熱の太陽のもとで日光浴をしている時に、クチュリエは霜のことや霧氷のことを考えている。

モードは芸術ではない。職業である。芸術がモードを利用するのは結構なことだ。モードの栄光はそれで十分だ。

たとえ醜いモードでも、モードにはついていった方がよい。モードから離れてしまうと、たちまち滑稽になってしまう。これほどこわいことはない。モードより強いような人はそうざらにはいないから。

モードは速度の勝負よ。これからコレクションという時のクチュリエのメゾンをのぞいたことがある？　コレクションの初めにつくりはじめた服など、終わらないうちからもう古くさくなってしまう。三カ月前の服なんて！　コレクションは最後の二日間で目鼻がつく。この点では、モードの仕事は芝居に似ている。つくり手と観客の間で一つの意味ができあがってゆくからだ。わたしなんて、バイヤーが現れる十分前まで結び目を縫いつけているわ。午後の二時だというのにまだマヌカンに服を着せていたり。コレクションの進行をとりしきる責任者は気が気ではない。

もしもクチュリエの役目が時代の空気に漂っているものを素早くとらえることだとしたら、ほかの人間が同じことをして、わたしの真似をしても不思議ではないし、わたしのアイディアにインスピレーションを得てもおかしくないわ。わたしだってパリに散らばり漂っていたアイディアにインスピレーションを得たのだから。

そうよ。いちど発見されてしまえば、創造なんて無名のなかに消えてゆくものよ。わたしは自分の考えを全部ひとりで開発するわけではないし、時にはそれが他人の手でうまく実現されているのを見るのはとてもうれしいことだ。だからこそ何年もの間わたしとほかの同業者は意見が合わなかったのだ。彼らにとって大問題であるコピーという問題がわたしには初めから存在していないのだから。

仕事は内密におこなって、夕方アトリエを出るときには職人たちを検査したり、盗作の訴訟とか、スパイとか、見本隠しだとか、あるいは原子爆弾製作の分子式よろしく責任者を隠したりするとか、そんなことはすべて無駄で、危険で、効果がない。わたしは一年に二度のコレクションで始めた。ほかのクチュリエたちは四回もやる。わたしの作品をコピーする時間があるからよ(「よりよく」コピーすると彼らは言っていたけど、彼らが正しい場合もなくはなかった)。

盗作をおそれるだなんて、何という硬直、怠慢、官僚趣味、何という創造における信念の欠如だろう！

モードははかなければはかないほど完璧なのだ。最初からない命をどうやってまもるというのだろう。

ナイトクラブの「シロッズ」[*3]で開かれたあるパーティを思い出す。シャネルのドレスを着た女性が十七人もいたけれど、わたしのところで作られたのは一枚もなかった。アルブ侯爵夫人はこう言って迎えた。「誓って言いますわ、わたしのドレスはあなたのところで作らせましたの」。そんなことは言うも空々しいことだった。ラ・ロシュフーコー侯爵夫人がわたしの連れにむかってこう言ったけれど、それも空々しかった。「シャネルに会うわけにはいきませんわ。わたしのドレス、彼女のところでつくらせたのじゃありませんもの」。最後はわたしもこう答えたものだ。「わたしのドレスだって、本当に自分のところでできたものかどうか自信がありませんわ」

モードはそのはかない命を女に託して移ろいゆく運命にある。女は子どもと同じ、その役割は、早く使い古すこと、壊すこと、破壊すること、いずれも恐ろしい負債だ。女のためにしかない産業にとってはこれこそが生命力なのよ。ファッション産業の成功のほどは、自分の後にできる破産の大きさによって測られる。

わたしは自分のつくった服しか好きではないし、わたしがつくるのはわたしが忘れるからだ。

こういう次第で、もう十年ほど前から、名のあるクチュリエたちはコピーに対抗する同盟をつくって「排他的な」クラブに結集し、それをPAS（季節工芸保護委員会）と名づけた。一つのトラストだ。二十人たらずの特権的クチュリエがほかの四万五千人の生活を妨げることがどうしても必要なのだろうか。こちらの弱小クチュリエは、大クチュリエを真似する以外に何ができるというのだろう。速射砲用ブレーキの発明に特許というのはわかるけれど、一枚の服、いや一枚のデッサンのためにさえ特許をとったりするのは、くりかえし言うけれど、反現代的、反詩的、反フランス的なことよ。世界はフランスの創作によって生きてきたし、フランスの方でもほかの国民が考え出したかたちを洗練させることで生きてきた。人生は相互の運動と交換にほかならない。もしもこのクチュリエたちが口で言うとおりの芸術家なら、芸術に特許なんて存在しないということがわかるでしょうに。アイスキュロスは著作権なんて取らなかったし、ペルシャの王はモンテスキューが盗作したといって訴えたりしなかった。東洋人はそっくりコピーし、アメリカ人は真似をするが、フランス人は再創造する。

実際フランス人は古代を何度も再創造してきた。ロンサール[*4]のギリシアはシェニエ[*5]のそれとはちがうし、ベラン[*6]の日本趣味はゴンクール[*7]のそれとはまた別だ。

一九二…年のこと、ある日ヴェネチアのリドで、熱い砂の上を裸足で歩くのが嫌になり、革のサンダルが足の裏を焼くので、ザッテレ河岸の靴屋にコルク板を靴型に切らせて靴底にはらせてみた。十年後、ニューヨークの高級スポーツ洋品店アバクロンビーをのぞいたら、ウインドーはコルク底の靴でいっぱいだった。

バッグを手にかかえていると、なくさないかと気になるのが嫌になって、一九三…年、バッグに革紐を通して肩にかけた。それからというものは……

宝石商のつくる宝石は面白くなかった。そこで画家のフランソワ・ユゴーに頼んで、クリップとかブローチとか、わたしのアイディアをデッサンしてもらった。こうしてできたビジュー・フアンタジーが今ではパレ・ロワイヤルのギャラリーやリヴォリ通りのアーケードの下にまでずらりと並んでいるけれど、こうした小物にみな製造元のマークがついていたら、つまらないと思う。わたしはそれらのビジューに命をふきこんだ。けれども、もしわたしが製造権をまもろうとしたなら、「わたしの命」をあたえなければならなくなったことだろう。

いったいわたしはなぜこの職業に自分を賭けたのだろうか。わたしはなぜモードの革命家になったのだろうかと考えることがある。自分の好きなものをつくるためではなかった。何よりもまず、自分が嫌なものを流行遅れにするためだった。わたしは自分の才能を爆弾に使ったのだ。わたしには本質的な批評精神があり、批評眼がある。「わたしには確かな嫌悪感がある」とジュール・ルナール[*8]が言っていたあれね。目にするものすべてにうんざりさせられた。記憶を一新して、思い出すものをみな精神から一掃する必要があった。自分がこれまでにつくったものも、他人がつくっていたものも、いっそうの改良が必要だった。わたしは必要不可欠なこの仕事に使われた運命の道具だったのだ。

技術は、必ず最良のものから出発しなければならない。もしわたしが飛行機をつくったとしたら、とびきり素晴らしい飛行機から始めるだろう。そのあとで手をぬくのはいつでもできる。立派なものから出発して、次にシンプルなもの、実用的なもの、安いものに降りてゆく。素晴らしく良くできた一着のドレスから、既製服にたどりつく。逆は真ならず。モードは街に降りてゆきながら自然死を遂げるというのはこういうわけなのだ。

既製服がモードを殺すとはよく言われることだが、モードは殺されることを望んでいるのだ。モードはそのためにこそつくられるのだから。

安物は高いものからしか出発できないし、安いファッションが存在するためには、まずハイ・ファッションが存在しなければならない。量は質を増大させたものじゃない。二つは本質からちがう。そのことに理解がいって、それが感じられ、容認されたらパリは大丈夫なのよ。

「パリはもはやモードを生まないだろう」とよく耳にする。ニューヨークがモードをつくり、ハリウッドがそれを普及させ、パリがそれに従う、と。わたしはそうは思わない。確かに映画はモードの世界に原爆にも匹敵するような効果を及ぼした。動画が生みだした爆発力は映画館の外にあふれて地の果てまで広がった。だがアメリカ映画のファンであるわたしから見ても、スタジオから何かのラインとか色とか服のスタイルが生まれてくるにはもっと時間がかかると思う。ハリウッドは、顔かたちやからだのシルエット、髪型、手、足の爪などにかかわる流行をつくりだすのには成功したし、ポータブルなバーやサロン用の冷蔵庫、時計つきラジオとか飾り物のたぐいを創造するのにもすべて成功した。だけど肉体の中核をなすものの秘密に迫ることにはまだ成功していないし、人間の内面のドラマを自分のものにすることもできていない。いまだにそれは古い文明の偉大な創造の領分にとどまっている。少なくとも今のところは。

カリフォルニアでモードをつくってみないかと、今までもアメリカ人から百回くらい頼まれたけど、断ったわ。やり方が地につかなくて、うまくゆかないとわかっていたもの。土壌が問題なのよ。しかも肥沃な土地なら良いというわけでもない。ブルゴーニュは石灰の多い土地だし、ギアナは砂が多い。もっと豊かな土地はほかにもある。ペルシャから大西洋まで、いろいろな土地でワインづくりが試みられてきた。だが銘酒クロ・ヴージョやアイの名シャンパン[*9]の製造には一度も成功したことがない。金とノウハウがすべてではないのよ。スクリーンが生んだ最大の女優グレタ・ガルボはいちばん着こなしの下手な女性だった。


リヨンに寄った時、大手の服地メーカーがわたしに言った。

――モードに革命を起こすようなものをお目にかけましょう。

そう言って絹にプリントしたものを出してくると、得意げに言った。

――ウォルト・ディズニーから権利を買い取ったのです。いかがですか？

――馬鹿なことに大金をお使いになったのね。

――素敵だとお思いになりませんか？

――わたしは滑稽なものが大の苦手なんです。背中に牛をつけて散歩したりしたら目立ってしまうでしょう。わたしは目立たないものが好きなんですよ。その服地はとっていらしたら。子ども部屋のかわいいカーテンになりますわ。奥様にそんな格好をさせたいと思います？

——いや、できません。「うちの女王」（自分の妻を彼はそう呼んだ）がそんなものを着ることなどできません。

ほかのクチュリエたちは言うかもしれない。

——シャネルには大胆さが足らない。シャネルは革命に追いこされた革命家だ、と。

わたしはこう答えるわ。

——政治の世界には革命がありうる。単純なことだから（結局二つしか解決はないのだ。世界の始まり以来、人間が社会をなして生きるには、自由か独裁か、Aの解決かBの解決かしかない）。しかも政治は二極にゆれるだけ、すなわち右翼か左翼かだ。これにたいしモードの革命ははるかに複雑で、モードがその表現である風俗と同様、ニュアンスに富み、しかも深い。

要するに、既製服は存在する。既製服はたいへんうまくいっている。既製服は大繁盛で、すでに世界中にあふれている。だが、量と質を混同するのは、リンゴにナシを加えるようなもの。フランスも最後には既製服にしてやられてしまうかもしれないが、パリは決して既製服に負けないだろう。フランスは既製服製造のためには小さすぎるからだ。小さいから救われているのよ。自動車のシトローエンは自分の会社をフォードだと錯覚した。オランダ出身のシトローエンは、グルネル通りがデトロイトじゃないことがわからなかったのだ。

もう一度クチュールにおけるコピーの問題にたちかえりたい。わたしは他のクチュリエたちにむかってこう言った。外国人は自由にわたしたちのコピーができるだろうか？　そう、できる。彼らはコピーしているだろうか？　そう、コピーしている。だとしたら、服について特許を考えたりするのはまったく無駄なことだ。そんなことを考えるのは、自分の創作能力のなさを白状するようなものではないだろうか。それに、外国の大企業にコピーを許すのなら、わがフランスの中小のクチュリエの稼ぎぶちを取りあげたりする必要がどこにあるのだろう。ラシーヌもモリエールも、教師たちが自分の作品を引用するといって文句を言ったりしたことなど一度もない。作品が剽窃《ひょうせつ》されるのは、感嘆と愛のしるしなのだ。

以上のような主張を続けたせいで、わたしはみなに憎まれ、ボイコットされて、七年間のあいだ生地を売ってもらえなかった。けれども、わたしの主張は今も昔も正しい。

コピーの問題にこだわるのは、そのためにわたしとほかのクチュリエたちのあいだに決して埋まらない溝ができたからだ。わたしは新しいモードをたくさんつくりだし、数々の創意を発揮して、新しい製作方法を提案し、膨大な数の服飾産業を生かしてきた。だがモード界は何ひとつ理解しなかった。官吏に生まれた人間は、一生官吏人気質がぬけないのね。何でも法制化しなければ気がすまない。どんな河でもせきとめてしまうし、宗教さえ役所の箱の中で死に絶えてしまう。

わかったでしょ、わたしが本当に嫌な性格だってことが。

アメリカはすごいわ。わたしはアメリカが好き。わたしはあそこで財を築いた。多くのアメリカ人にとって（あなたはご存知ないし、わたしもよく知っているわけじゃないけど）、フランスとはわたしのことなのよ。アメリカがいちばん良くわたしのことを理解してくれるだろうと思っている。なぜならアメリカは「アメリカ人のために」モードをつくるのではないからよ。これはフランスのクチュリエも同じだけど、彼らは「ライフ」や「フォーチュン」に目がくぎづけなのだ。現代のアメリカにはフランス人があふれている。フランスの作家、学者、政治家、ジャーナリストでいっぱいだ。アメリカのモードは少しでもその影響をうけただろうか？　確かにアメリカには贅沢がある。だが贅沢の精神は今なおフランスにとどまっている。わたしは贅沢とは何かを知っているわ。十年の間、もっとも贅沢な世界に暮らしたから。だのにモリヌー[*10]みたいにアメリカ人のマヌカンを探しにいったりする必要がどこにあるのだろう？　パリに持ち帰って変えてしまうのなら、なぜニューヨークまで趣味を探しにゆかねばならないの？　服というものは、船でイール川を往来しながらうまみを増してゆくボルドー・ワインとはちがうのよ。

　プロのクチュリエは奇抜なモードを考えたりしない。むしろ行き過ぎをどれだけ抑えるかを考えるものだ。わたしは保守的すぎるぐらいが好き。中くらいのものを良くしてゆくことが大切なのよ。美しすぎる女性はほかの女性の迷惑だし、醜い女性では男性がさびしい。

知的な女は百万人に五人よ。誰がそんなことを言うのかですって？　女に決まってるじゃない。

女はありとあらゆる色を考えるが、色の不在だけは考えが及ばない。黒はすべての色に勝るとわたしは言ってきた。白もそう。二つの色には絶対的な美しさがあり、完璧な調和がある。舞踏会で白か黒かを着せてごらんなさい。ほかの誰より人目をひくわ。

お客は細かいことばかり注意する。気が散るのね。男性の意見を聞こうとしないけれど、それはまちがっているわ。男性は、おしゃれをした女性といっしょに出かけるのは好きでも、目立つのは嫌なのよ。もし連れが目立つようなら、じろじろ見られる苦痛から逃れるために家にいた方がいいと思うものなのよ。どうして女はいつも、男性に気に入られるより人を驚かせたいと思うのかしら？　すれちがうとき大勢の人が連れを振り返るのをうれしがり、自分たちの幸福の表現をみせつけたいと思うのはごく若い男だけね。


モード革命は意識的にしなければならない。だが、変化は目立たないように少しずつ変えてゆくこと。わたしは、アプリオリに、抽象的なアイディアから出発したことなど一度もない。次のシーズンに服の丈をもっと長くするかどうか、十カ月も前から決めたりなんか絶対にしないわ。

女優をお客にしたことも一度もない。一九一四年以後、モードのための舞台女優などもはや存在しなくなったのだ。それまでは、彼女たちがモードをつくっていた。

＊1　ブールジェ（ポール）　1852-1935　フランスの作家。精緻な心理描写に優れる。代表作に『弟子』『嘘』

など。

＊2　**バタイユ（アンリ）**　1872-1922　フランスの詩人・劇作家。女性の恋愛心理を巧みに描く。「白い部屋」「狂える処女」など。

＊3　**シロッズ**　一九三〇年末にハリウッドにオープンしたナイトクラブ。映画スターをはじめ数々のセレブたちが集った。

＊4　**ロンサール（ピエール・ド）**　1524-85　フランスの古典派詩人。古典古代文学に通じ、恋愛詩から政治詩まで宮廷詩人の第一人者となる。

＊5　**シェニエ（アンドレ）**　1762-94　フランスのロマン派詩人。ギリシア人を母にもち、ギリシア古典に精通する。フランス革命時代に著した政治論がロベスピエールの怒りにふれ、断頭台に死す。

＊6　**ベラン（ジャン）**　1637-1711　ルイ十四世に仕え、舞台装置、衣装、装飾を手がけた。アラビアふうの唐草模様などオリエンタルな意匠を駆使した。

＊7　**ゴンクール（兄弟）**　一九世紀フランスの兄弟作家。共作の小説作品も知られているが、日本の浮世絵研究をはじめとするジャポニスム趣味でも名高い。

＊8　**ルナール（ジュール）**　1864-1910　フランスの作家。冷徹な観察眼で知られる。代表作に『にんじん』『日記』

＊9　**アイ**　シャンパーニュ地方のアイ村はシャンパン揺籃の地であり、フランソワ一世から外国の諸侯まで王侯貴族の愛好したシャンパンの産地として名高い。

＊10　**モリヌー**　8章注＊6（109頁）参照。

23　ある最後の王

ある日、店で働いているイギリス人のパメラがわたしに言った（南仏の店でのこと）。

――ちょっとお願いがあるのですけど。あなたにとっては何でもないことなのよ。あなたがウイと言ってくださったら、わたし、プレゼントをもらえることになっているの。プレゼントが欲しいんです、いいえ、ぜひ必要なのよ。ウェストミンスター公がやって来たところなの。ヨットがモナコに寄ったところで雨にあったからって。あなたと知りあいになりたがっているわ。それで、プレゼントとひきかえに約束したの、あなたをディナーに連れてゆきますからって。

あまりの率直さに、嫌な感じはしなかったが、警戒心は解かなかった。パメラをよく知っていたし、女は怪物だと常々思っていたからだ。

――たぶん行かないわ。

――お願いだから！

――行かない。

しばらくして、いつものように面倒になり、譲ってしまった。パメラはプレゼントを受けとることになるだろう。わたしは翌日のディナーの招待を承知した。ところが翌日の昼間、パリから電報があった。ドミトリイ公からのもので、まさにその日に着くという。ディナーをキャンセルしたのはいうまでもない。ドミトリイが着いてすぐ、わたしはパルマの前で彼にそのことを言った。

——ぼくとしてはね、まっぴらお許しをいただいて、ぼくもいっしょに招待を受け、公爵のヨットを見れたら楽しいと思うけど。

——何でもないことですよ。あなたも招待されるようにはからいますわ。

うまい手を見つけたとばかりに、すぐにパメラが言った。

二時間後、ウェストミンスターから、大公を今夜のディナーに招待したいとの申し出があった。

——ドミトリイ、あなた、まちがっているわ……

——なぜ？

——わからない。でも運命にはさからえないわ。何となく、わたしと二人きりでディナーをとった方があなたに良かったような気がするの……

それからウェストミンスターとわたしは十年いっしょに過ごした。この十年間がどんなものだったかは後にして、とにかくウェストミンスターの人となりを話したいわ。彼といっしょにいる最大の楽しみはその生き方を見ることだったから。一見、不器用なふりをしてはいたが、女扱いに長けたひとだった。そうでなければ、わたしを十年もつかまえてはいなかっただろう。この十年間はとても穏やかで友愛に満ちていた。わたしは彼を愛した、あるいは、同じことかもしれないけれど、愛していると信じていた。彼は女性にたいして礼儀正しく、優しさの化身だった。ウェストミンスターはその頃にはまだ存在していた育ちの良い世代に属していた。だいたいイギリス人はみな育ちがいい。少なくともドーバー海峡のカレーまでは。

戦争の始まる少し前、さる大夕刊紙のディレクターをしていたジャン・プルヴォ氏のディナーに招かれたことがある。指定どおり、きっちり八時四五分に家に着いた。ところがプルヴォ氏は、頭痛がするというので、お客全員を二時間も待たせた。わたしたちは食卓に着くのを待っていなければならなかった。だがプルヴォ氏は詫びさえしない。社交界に出入りしても、つまらない女を相手にしていたから、何も作法を学ばなかったということね。

育ちの悪さをエレガントに演じるには、まず育ちが良くなければならない。ウェストミンスターがまさにそうだった。

彼には虚飾がまったくなかった。これほど人が苦手なひとにも会ったことがない。その人嫌いは、王族などによくみうけられるようなそれ、生まれのよさと財産のせいで世間から隔絶した人に特有の苦手意識なのだった。イギリス一の人物だと思われているのが窮屈だったのである。自分が世間に知られているということをよく承知していた。ほかの人間とちがわない一人の人間なのだと保証されたら、あれほど窮屈な思いはしなかっただろう。ウェストミンスターは人に会うのをこわがった。最初のショックが嫌でしりごみをする。初対面さえ切りぬけてしまえば、あとは何でもないのだ。知らぬ間に出会っていたりすると、幸せになる。ある日ビアリッツで、一人の男と親しげに腕をくんでバーから出てくる姿を見た。相手はざっくばらんにおしゃべりをしている。

わたしといっしょになったウェストミンスターにたずねた。

——どなたかご存知なの？

——全然。

——ポワレよ、クチュリエの。

——いいやつだ！

ウェストミンスターはうれしそうに言った。

翌日、テニスでまたポワレといっしょになり、とても親しくなった。わたしの方にもどってくると、勝ち誇ったように言う。

——ほら、君のポワレは全然おじけづかなかったぞ！

わたしが彼のこうした一面を紹介するのは、まるでサン＝シモン公の『回想録』[*1]に出てきてもおかしくない話だからよ。ルイ十四世でも、シャルル九世でも、幼い帝王がみなもっていた一面ではないかと思う。

ウェストミンスターはエレガンスそのものだった。新品なんて何ひとつ持っていない。彼のために靴下を買いにゆかざるをえなくなったこともある。上着などは二五年前から同じものを着ていた。仕立屋に行ったり、仕立屋を呼びよせたりしたことなどついぞなかった。だが船になると話は別で、二艘のヨットを所持していた。イギリス海軍の補助駆逐艦を一艘と、四本マストのヨットが一艘。港に着くと、船に招待された客はみな、絵葉書一つ買いにゆくにもヨットマンの素晴らしいカスケットをかぶってゆくのだった。ウェストミンスターだけが使い古しの帽子で下船していた。

ウェストミンスターは、イギリス一、いやおそらくヨーロッパ一の金持ちだった（それは誰にもわからなかったし、彼自身でさえ、いや彼こそ誰よりわかっていない張本人だった）。何よりまずそれを言うのは、富もここまでくるともはや俗っぽさもなくなり、羨望も通りこしてカタストロフィーと同様の域に達してしまうからだ。わたしが言いたいのは、こうしてウェストミンスターは滅亡した文明の最後の生き残りとなり、古生物学的な興味の対象となって、おのずと思い出のなかに生き続けるということよ。

ロンスデール卿が、ウェストミンスターの居城の一つであるイートン・ホールの贅沢さを見せながら言ったものだ。

――今わたしたちが見ているものは、城主が亡くなれば、すべておしまいです。

金がありすぎるのは、背が高すぎるより恐ろしい。前者は幸福にありつかず、後者はベッドにありつかない。

相手にうんざりさせられなければ、ウェストミンスターはチャーミングな性格だった。彼自身、すでに自分にうんざりしている様子だった。外見だけ見ても、重くて頑丈な、大きな骸骨だった。生き生きとしていたのはその知性と感受性で、チャーミングな笑いにあふれていた。妬み心がなかったわけではない。ちょっとした、象の妬みとでもいうか。悪戯好きなひとでもあったからだ。人間はあまり好きでなく、動物や植物が大好きだった。

チェシャーにあるイートン・ホールの庭園を散歩しているとき、谷間に埋もれた、パリ市ほどの大きさもある大温室を見つけたことがある。一年中の季節の食材を栽培していたのだ。桃、ネクター、苺……昔日のロシアやポーランドでしていたとおりだった。

わたしはウェストミンスターをそこに連れていった。そんなものを所有しているとは知らないようだった。わたしたちは苺摘みに来た小学生のように嬉々として苺を摘んだ。翌日も一人で温室に行きたいと思った。だが扉が閉まっている。彼に言った。庭園長が呼びにやられた。

わたしが温室を閉めました。苺が盗まれたからでございます、と庭園長。

──泥棒だって……マドモアゼルだったんだよ！

ウェストミンスターは自分を棚にあげて言う。

庭師はイートン・ホールで生涯を過ごしてきたが、主人が、たとえおふざけでも、植えた苺をその場で食べるなどと、夢にも思ったことがなかったのだ。

また別のときに温室に行ったことがあった。

何ときれいな花なんだ！　ウェストミンスターは感嘆の声をあげた。こんなに素晴らしい蘭は

ウェストミンスター公爵とシャネル。イギリスにて。モンテカルロで出会って以来、数多い恋人のなかでも公爵とは最も長い蜜月を過ごし、一時は結婚も考えたが、結局シャネルは仕事を選ぶ。

いったいどこへいってしまうんだ？　なぜ城の中では見かけないのだろう？

「病院や教会に贈っております……」と庭園長。

大きすぎる河が砂にのまれていくように、こうした巨万の富が匿名のものになって共同体のなかに消えてゆくのには感動させられた。

温室があっても、ウェストミンスターが好きなのは野の花だった。彼がもっとも好きだったのは、芝生に咲いたスノードロップの初咲きを籠に摘んでわたしに持ってくることだった。

ウェストミンスターはいたるところに家を持っていた。新しい旅をするたびに家を見出した。彼自身、全部知っているわけではは全然なかった。アイルランドにもダルマチアにもカルパチアにも、ウェストミンスター所有の家があった。どれも調度がそろった屋敷で、到着するとすぐに磨いた銀器で夕食ができるし、寝ることもできるようになっていた。車が何台もあり（イートン・ホールのガレージに古いロールスロイスが一七台あったのを今でも覚えている）、いつでも使えるように整備され、港には石油エンジンのボートが石油を満タンにして控え、お仕着せを着た召使たちと執事が控えていて、玄関のテーブルには、どこに行っても必ず世界中の新聞と雑誌がおいてあった。

ここに取りよせていて誰も読まない定期刊行物のための出費だけでも、わたしの年金に十分でしょうと、ウェストミンスターの老友のスコットランド人が言っていた。

スコットランドの荒地では、いつでも雷鳥狩りができ、鮭は釣られるばかりになっていた。かたやフランスのヴィレ＝コトレの森やランド地方では、熊や鹿を追う狩人たちが、先陣を切って道をつけるには馬に鞍をつけさえすればよかった。狩人たちは赤い服を着たまま、今夜はもう寝てよいのかどうか迷っていたし、常時帆の準備をして出航態勢にあるヨットの乗組員たちは、船を出すかどうか迷っている。まるで絵に描いたような、こんなおとぎ話めいた贅沢は（公爵が望んでいるからそうしているのでもなく、何世代もこうしてやってきたからそのまま続いているにすぎないのだが）、まるで夢のようで、一夜で消える夢ではないのかと目をこすりたくなるようなものだった。

イートン・ホールは、素晴らしいシェークスピアの街（チェスターは女王陛下の領地である）の入り口にあり、尖った切妻にフォルスタッフの時代のままの白黒の木骨造り《ハーフティンバー》の家々からなっていた。長い間ウェールズ人の侵入にたいしてローマの境界を守ってきた城は、ゴシック様式なので、ウォルター・スコット式の中世の地下しか残っていない。城の周りには、イタリア式のテラスや、馬の調教用の小径や、モデル農場や、ディズリレーの小説にあるようなシャクナゲの森が広がっていた。ギャラリーもそろっていて、ルーベンスやラファエロ、イギリスの巨匠からトルヴァルセン[*2]の作品まで所狭しと並んでいた。

ウェストミンスターはなぜわたしといるのが楽しかったのだろう？

何よりまず、わたしが彼をつかまえようと追いかけたりしなかったからだ。イギリス女性ほどんな男でも、つかまえることしか考えない。その男が偉大すぎるほどの名をもち、巨万の富をもっていたらなおさらのこと、もはや男ではなく、兎か狐になる。毎日が狩猟開きというわけだ。そうであってみれば、自分の方が狩人になってつかまえた女、それも、明日は籠に穴をあけて逃げてゆくかもしれない女といっしょにいるのがどれほど楽しいか想像がつく。

イギリス女性は純粋な精神（「ソウル」）であるか、馬丁であるかのどちらかだ。どちらの場合も狩人であるに変わりはない。馬で狩るか魂で狩るかのちがいはあっても、必ず相手を追いかけている。ところがわたしは、「いい男だ、つかまえなければ、さあ銃はどこ？」という発想をしたことが一度もない。スポーツが第二の自然になっているイギリス女性は大勢いるが、第一の自然は男なのである。

オーレリアが良い例だ。彼女はいつも猟犬の後ろにいて獲物をつかまえるという評判だった。ある日、馬に乗って、彼女に言った。

――飛びなさいよ！

――あら、嫌よ！　あなたと二人だけだなんて、こわくて……。男が見ていないと飛ばないわよ。あなたはね、飛んだりする必要ないわ。

ウェストミンスターはわたしがフランス女性だったからいっしょにいて楽しかったのだ。イギリス女性は所有したがるか、でなければ無関心かのどちらかである。男は彼女たちといると退屈する（反対に、アメリカの男性はフランス女性をこわがる。アメリカ人がフランス女性を妻にするのは皆無でないがとても珍しい。これにひきかえイギリス男性とうまくやってゆくフランス女性の数は数え切れないほどいる）。

そのうえ、イギリス女性は、絶対に無欲ということがない。今のフランス女性は変わってしまったが、昔のフランス女性は無欲だった（イギリス女性の悪口を言うからといってわたしを責めないで欲しい。第一に、わたしは誰にたいしても悪口を言うから。第二に、わたしの言っていることは、小説という風俗の鏡に映っていることだから。なかでも、わたしがたくさん読んだ通俗小説がそうだ。良くない小説は良い小説よりずっとよく現実を映しだす）。

イギリス女性が不器用で、男に嫌われるようなことばかりするからといって、何もわたしたちフランス人が悪いわけではない。とにかくイギリス人は一種の馬なのだ。競馬でも、トランプでも、いつも馬だ。スウィフトはとてもよく見ている。『ガリヴァー旅行記』のなかの「馬の国《フウィヌム》」で、二頭の馬がヒンヒン言いながら会話をしている場面を覚えているでしょう？

いま話したことは全部ある記事で書いたことがあるわ。ロンドンで評判になった記事よ。ランドルフ・チャーチル[*3]について書いたものなの。チャーチルはいろんなところにこの記事を送ったけれど、断られたの。わたしが「デイリー・メール」紙を推薦すると、アスコットの競馬の日に一面に出た。イギリス男性のことを軽いユーモアをまじえて語った記事。女性については一言もふれなかった。爆発的な評判をとって、男性はみな奪いあって読んでいたわ。

一八世紀末フランスの批評家ティーイはイギリス人についてたいへん洞察に富んでしかも辛辣なことを書いているが、実に正しい考察を残している。「イギリス人は世界一うまく愛人を妻にし、妻に過去のことを聞かない点でも世界一である」

さまざまな友人たちがいた。

チャーチルがいた。

わたしが「リトル・ティッチ」と呼んでいた、幼いマールバラ公爵がいた。そばには背の高い母親。ウェストミンスターはこの公爵夫人のことを、「夫人は自分をいちばんやんごとなき女性だと信じている」と言っていた。

ロンスデール[*4]がいた。

わたしの友人たちはウェストミンスターに好かれなかった。ミシアは全然理解されなかった。ミシアもイギリスのことは皆目わからない。セールには恐怖感を抱いていた。セールは、こうのとりを飢えで殺すために嘴を切り、ヴェネチアの大運河に犬を放りだしたのだ。

イギリス人になるのはわたしの運命ではなかった。いわゆる「人もうらやむ」境遇は、わたしの望みではなかった。誰かほかのひとと結婚してほしい。わたしはウェストミンスターにそう言った。

わたしは退屈していたのだ。暇と金のある連中が味わうあの恥ずべき退屈。十年間、わたしは彼の望むことを何でもやった。女だから、男に譲歩しても恥ずかしいことはないけれど。いつ立ち去るべきか、いつも心得ていた。

数カ月後かもしれないし、一年後かもしれない。だがわたしは自分が行ってしまうことを知っていた。まだ彼のそばにいたけれど、すでに心はそこになかった。活動的なわたしだが、その底にひそんでいた遊惰な資質を存分に満足させていた。要するにわたしはハーレムの女になりたいと願い、願いどおりの経験をし、その経験が終わったのだ。鮭釣りに明け暮れる生活は人生ではない。どんな惨めさもこんな惨めさよりはましだ。バカンスは終わった。とても高くついたバカンスだった。わたしはメゾンをほったらかし、事業を投げ出し、百人以上の召使たちにもたっぷり給金を払っていた。

わたしは語の正確な意味で世界一金持ちの女になれたかもしれない。ウェストミンスター[*5]は毎日言っていたものだ。「このレンブラント、全部さしあげますよ」「このフランス・ハルスもあなたのものだよ」

彼が言った。

「あなたの勝ちだ。あなたなしには生きてゆけない」

わたしは答えた。

「愛してないわ。あなたを愛していない女と寝るのって面白い？」

わたしが邪険にした相手の男は、そのあと、すぐに優しくなったものだ。

ウェストミンスターも突然わかったのである。わたしがもはやそこにいないことを。ウェストミンスターはわたしといっしょに過ごして悟ったのだ。自分のやりたいことが何でもかなうわけではなく、これまでもかなえられてはいなかったのだということが。ちっぽけなフランス女がノンを言えるのなら、ウェストミンスター公の愛顧など何ものでもない。それはショックだった。彼は平静を失った。

それから数年後、ウェストミンスターから招待状がきた。わたしはイタリアを旅行していた。

「御招待にあずかりますわ。どうぞよろしく」。わたしはそう返事をして、スコットランドにもどった。ウェストミンスターはあの寄生的な宮廷生活にまいもどっていた。

運が悪く、アンラッキーな旅だった。太陽の降り注ぐリドの後、ロンドンでは雨降り。セント＝パンクラスの駅にはもはや秘書も出迎えに来ていない。ウェストミンスターがインヴァネスの地で待っているわけでもなかった。日照りの夏で、釣りもできない。

――何という変わりようだろう！

かつてそこには、一人の田舎のフランス女がいて……

そのフランス女は、ここをシックな家にしようと思いたったのに。

けれど控えの間にはもはや銃も釣竿もなかった。

わたしはあらかじめ彼の妻に手紙を書いておいた。「わたしが行くのがお嫌でしたら、参りません」「全然ご心配なく」と返事がきた。「あなたのなさり方（わたしの手だとかやり口とかどうして言わないのだろう）を存じていますわ。わたしのことを悪くおっしゃらないのを存じています」

ウェストミンスターは、その富の高みで、頂点に座す人間の倦怠、大専制君主の孤独、不可能事のない者の孤独な境地を味わっていた。ある時など、具合が悪くなって偏頭痛がしたが、口に出す気にならなかった。電話一本でたちまち有名な専門医が医療品をかかえ、ハーリー・ストリートから二四時間もかけて駆けつけてくるからだ。わたしが診療を断ったので、あげくに無駄に終わったことがあった。わたしはもはや願い事をかなえてもらいたいと胸ときめかすこともできなくなった。星の流れる間に願いごとを言い終える間もなく、魔法の絨毯が現れて、かなえられたからである。

またある日など、フランスの狩猟とイギリスの狩猟のちがいが面白くなって、ふとした会話の折、ランド地方に一隊を引きつれてイートン・ホールの狩猟を見せたらさぞかし面白いでしょうねと言ったことがあった。するとたちまち三十人のフランス人の調教師と下僕と犬が出航し、一夜で英仏海峡を越えた。ウェストミンスターは王様のように海を渡り、英国海軍の白いキャビンは、ジブラルタル海峡を通っていた潜水艦から敬礼を受けていた。

そして、そうしたすべては何にゆきつくかというと、倦怠と寄生生活にゆきつくだけなのだ。

＊1　サン＝シモン公『回想録』10章注＊3（129頁）参照。
＊2　トルヴァルセン　1768-1844　デンマークの彫刻家。ギリシア神話を題材にした作品を多く残した。
＊3　チャーチル（ランドルフ）1849-95　イギリスの政治家。マールバラ公爵の第三子に生まれる。ウィンストン・チャーチルの父。
＊4　ロンスデール　1881-1954　イギリスの劇作家。
＊5　ハルス（フランス）1581頃-1666　オランダの画家。

24

さよならはいわない

ここまで、つとめて自分を意識せずに自分を語ってきたわ。だいたい自分のことを考えるなんて死にかけた人間のすることだもの。だけど、そうはいっても、もう誰ひとりわたしのことを考えてくれないというのも、死んだ人間同然になってしまう。それならいっそあなたに話した方がいいと思って、自分の姿をさらけだしたつもりよ。

わたしの人生はずっと幼年時代の続きだった。人間の運命が決まるのはまさにこの時期よ。その頃の夢が一生を左右する。何から何まで、全部覚えているわ。まったくの世間知らずでオーヴェルニュの山奥から出てきたけれど、心の準備はすっかりできていた。あとはもう忙しくて、自分が不幸だとか、誰かのために生きたいとか、子どもが欲しいとか考える暇もなかったわ。わたしがひとりで生きてきたのは、きっと偶然じゃない。わたしは獅子座のもとに生まれてきたのよ。星占いに詳しいひとならそれがどういう意味だかわかる。獅子座は強いから、よほど強靭な男性でないかぎり、わたしといっしょに生きるのは難しい。わたしの方でも、自分より強い男性といっしょに暮らすのは無理だと思う。

神がわたしにあたえてくれた最大の恵みは、わたしを愛してくれない人はわたしも愛さなくていいようにしてくれたこと。そしてあの嫉妬という感情を知らずにすませてくれたこと。たいていの愛情にはこれがつきものなのに。

わたしは小説のヒロインじゃない。自分がなりたい道を選び、なりたい自分になった。ひと好きのしない、嫌な女になったとしても、しようがないわ。

自分の長所よりは欠点の方をたくさん話したつもりよ。わたしにだって長所がないわけじゃないし、けっこうチャーミングよ。だけど欠点ときたら、我慢できないような欠点がいっぱい。初めに言ったとおり、とんでもなく傲慢な女。だけど、もしかしたらこれはただの思いこみで、虚栄心から言っているのかもしれない。真に傲慢な人間は自分が傲慢だとは言わないし、そう思いさえしないものだから。たとえばルイ十四世の傲慢さがそうだし、イギリス人の傲慢さもそうね。

会えばおわかりのとおり、わたしはしゃべりすぎでバランスがとれていない。しゃべるより聞く方がずっとひとに好かれるのにね。わたしはひとの話を聞いてもすぐに忘れてしまう。ひとの話なんて覚えていたくないから。自分の考えを押しつけて、他人も同じ考え方をしてもらいたいのね。

　意見を変えるのは大嫌い。ひとの話を聞かせられるのは、イライラする。ただし、こっそり立ち聞きするのは別だけど。相手が話を始めると、聞く前からもう嫌になる。それでいて、なぜか、ああだこうだとらちもない議論をするのは好きだから不思議ね。あとで疲れるくせに。わたしがはりきって働きたくなるのは、騒音がして、おしゃべりと活気と混乱がまざったような雰囲気のなかよ。話しながら人に好かれ、話しながら考え、話しながらものをつくりあげたいと思っている。

　わたしは知的じゃないし、馬鹿でもないけど、ありふれた人間だとも思っていない。だいたいフランスにありふれた人間なんてまずいないし。

　わたしは、実業家でもないのに事業をしてきた。

　恋する女でもないのに恋をしてきた。だけど愛したのは二人の男だけ。一人はこの世で、もう一人はあの世で、わたしを思い出してくれると信じているわ。男は苦労させられた女のことは必ず覚えているものだから。これといった主義をもっていたわけでもないけど、人間と人生にたいする義務も果たした。正義感があったおかげね。

　世間はわたしのことをひたすら嫌みで意地悪な女だと信じている。そう、信じこんでいる……本当に何でも信じこむのだから。だけど、わたしは働いていて、自分のことで精一杯、他人のことなんて気にしておれない――これだけはどうしても世間はわかってくれない。わたしはそれなりに善良よ。ただし、良いひとですねなんてと言われなければの話だけど。そんなこと言われたりしたら……イライラしてしまう。とにかくイライラするようにできているのよ。

わたしには自分だけにしかわからない両極がある。自分でもまいってしまう両極。わたしはとても臆病で、しかも大胆、とても陽気で、しかもさびしがり屋。激しいのはわたしの性格ではなくて、この両極のコントラストなのよ。正反対の二つが自分のなかでせめぎあっている。愚痴っぽいのが大嫌いなのに、愚痴をこぼしたがるし、被害者ぶるのも好き。医者は避けているくせに、薬にはうるさい。薬屋はわたしの言うことを聞いてくれるけど、医者は聞いてくれないでしょう。

わたしは断じて軽薄な女じゃない。面倒見がよくて、世話好きよ。何でも真剣に受けとめる。万事に誠意をつくす。いいかげんに小切手を切ったりしたことは一度もない。

孤独は恐ろしい。だのにわたしはまったくの孤独のなかで生きている。一人ぼっちでなくなるためなら、どんなにお金をだしてもいいわ。一人で食事をするぐらいなら、街のおまわりさんを呼んできたっていいと思うほどよ。だけどわたしが出会うのは心ない連中ばかり(ほんとうの寛大さとは他人の冷たさを受けいれることなのかしら)。だけどそんな思いにひきずられてゆくと、メランコリーにとりつかれて、いつしか淵にはまってしまう……まったく退屈な人たちというのは恐ろしい毒性があって、劇薬のようによく効く。善意はうんざりさせられるし、理性は退屈だし。

わたしが理性的なことをすると、必ず悪いことが起こったものよ。

一言で言って、これがわたしよ。よくわかった?

それでもって、わたしはいま言ったこと全部の反対でもあるのよ。

わたしの人生の大筋はこれぐらい。人が言ったことも、人の悪口もまぜて話したわ。

わたしの言葉は遺言じゃない。

これからどうするのか、自分でもわからない。いずれどこかへ向かうだろうし、これで終わりじゃないわ。これまでも来るべきものを見抜いてきたし、予見もしてきた。ヨーロッパは破滅に瀕しているといわれると、母なるヨーロッパとともに残りたいと思う。だけど、破滅ならいいけど、流行遅れだといわれたら、迷わずヨーロッパを捨てるつもりよ。かつてそうして家族を捨てた。そうしてヨーロッパなしに生き続けるか、それとも新たな人生を始めるか。

世界は変わってゆく。もし来るべきヨーロッパが捨て去るヨーロッパと逆の世界になって新しくなるなら、ついてゆくつもりだけど、ヨーロッパが古いままで、もっと貧しく、もっとつまらない（醜いと言いそうになったけど、そうじゃないわね）世界になってしまったら、捨てて出てゆきたいと思う。「モードはパリ！」といわれたら、こう答えるつもり。それはパリがパリで、ヨーロッパがヨーロッパであるかぎりの話だと。客が服より食べ物を先にするようなパリ、わたしの店にアメリカ兵の制服かと思うようなみっともない格好の客が来たりするパリなんてパリじゃない——そんな客に驚いていると、なんとそれは以前のお得意さんたちで、将校かと思った人が「わたし、マドレーヌ・キャロルよ[*1]」なんて言いながらわたしの首に抱きついてきたりして……。

明日やって来る新しい波からヨーロッパは取り残されてしまうような気がする。それこそ真の悲劇よ。わたしは来るべきものの側にいたい。そのためならどこへでも行く。馬を乗りかえるように、全社会を乗りかえる覚悟がある。

よそに行くべきなのかもしれない。別のことをすべきなのかもしれない。もう一度やりなおす準備はできているわ。

死ぬなんてまっぴらよ！　生きなくっちゃ！（そんなこと言いながら、天国にも好奇心いっぱい。本当の天使に服を着せるために天国に行くわ。この世では別の天使のために服をつくって、地獄にいたから）。

いずれにしても、生きているうちは絶対休んだりする気はない。老人ホームほど疲れるところはないもの。血色も悪くなるし。天国ではさぞかし退屈するでしょうね。飛行機に乗るだけでもう地上より退屈しているわ。

わたしが興味があるのはヨーロッパじゃない、こうして回っている地球なのよ。髪の下に隠れたわたしの顔、ネイティブ・アメリカンのヒバロ族の干し首みたいな顔を鏡で見ていると、世界の激動が浮かんでくる。

わたしは偶然にクチュールにたずさわった。偶然に香水をつくった。今わたしは別のことをやりたい。何を？　わからない。今度も偶然が決めてくれると思う。準備は万端よ。長々とアデューなんて言わないわ。まだ何も考えていないけど、時が来たら、扉をたたく何かにすかさず飛びつくつもり。

四半世紀の間、わたしはモードをつくりつづけてきた。もう十分。時代が潰《つい》えてしまったわといって、わたしの時代が潰えたわけじゃないけれど……

わたしは何をとっても不成功に終わった経験がない。やろうと思ったことは何から何まで成功させた。人にたいしても嫌な目にあわせるより善をほどこした方が多い。そうしてわたしは他者にたいしても幸福な精神状態を保ってきた。おかげでわたしは小鳥のように自由だった。サルトルが、われわれは人間的条件に閉じこめられた囚人で惨めな存在だなんて説いてきかせても、そんなの無駄よ（マルキシズムの初めの頃、ラサールも言っていたわね、「何よりもまず、労働者に理解させなければならない、自分がどれほど不幸な存在であるかを」なんて）。わたしは、最近さかんに言われだして、幸福と名づけられているあの日常的な毒薬など必要とせずに幸福であろうと決意したのよ。

わたしは実用的でしかも素敵な発明によって世間を挑発した。その発明が貧しくしたものも、豊かにしたものも、両方あるけど、どちらの場合も同じくらい嫌われたわ。

憧れていた女友達があったけれど、彼女はわたしをだました。

周囲の人にはできるだけ善をほどこした。だが報いに受けとったのは平手打ちだけ。

従業員の生活を改良しようとしたが、裏目に出てしまった。

わたしは二人の男を愛した。だがいざ結婚となると、一人はほかの女と結婚させようとしたし、もう一人は壊そうとしかしなかった。

わたしは世界に服を着せたのに、今では世界は丸裸。

そうしたすべてに胸がわくわくする。すべてがわたしのうちにある破壊と再生の深い欲望を満足させる。人生がわかるのは、逆境の時よ。世界とは闘争と混乱にほかならない。セールは「君は美しく死ぬ」と言ったけれど、全然あたってなくて、わたしはひどく往生際が悪い。いちど葬られても、あがいて、もういちど地上にもどり、やりなおすことしか考えていないわ。

＊1　キャロル（マドレーヌ）　1906-87　イギリスの女優。一九三〇年から四〇年にかけて大衆的人気を博す。ハリウッド映画によく出演し、ヒッチコック監督の映画にも起用された。

訳者あとがき

シャネルの声はいちど聞いたら忘れられない。転がり落ちる溶岩のような、激しい声。怒りに満ちて、とどまることを知らず、ほとばしりでる声の奔流。その声が語った生涯を、同時代の作家ポール・モランが書きとどめ、できあがった伝記が本書である。

シャネルの伝記というとき、ほかの人物にはない光と影がつきまとう。彼女の生涯はいまなお謎のヴェールにつつまれているからだ。一つには、少女時代である。彼女が自分で語るところによれば、少女ココはオーヴェルニュの叔母たちの家にひきとられたことになっている。理解のない叔母たちに育てられて、いかにつらい少女時代をすごしたか――ところが、実はこれはつくり話なのである。六歳で母を亡くした娘は、もう一人の姉といっしょにオーヴェルニュの孤児院にひきとられた。地方から地方へと渡り歩く行商人の父親は、娘たちを修道院にあずけたまま二度と帰って来なかった。シャネルはこうした自分の過去を隠して世間に嘘をつきとおした。モランもまたその嘘を暴かなかったのだ。

親に捨てられた孤独な少女は、なだめがたい怒りのエネルギーを秘めて修道院を後にした。それから、一日も休むことなく、少女はひたすら人生の階段を駆けのぼってゆく。

実際、このオーヴェルニュ娘がなしとげたモード革命は世界を震撼させるものだった。それまで長かったスカートを、彼女はばっさりと短くした。自分の足で歩くためだ。貴婦人たちの身をつつむ豪華な布地を捨てて、ジャージーという貧しい生地をこれみよがしにモードの王座につかせた。高価な宝石を侮蔑するために、わざと偽物の宝石をはやらせて、本物を愚弄した。

――首のまわりに小切手をぶらさげるなんて、シックじゃないわ。

怒りの毒をおびたシャネルの声は、「金持ちの美学」をラディカルに覆す。金ピカの衣装を時代遅れにしてしまうこと、それがシャネルのなしとげたモード革命だった。モランのシャネル伝が「ひとりで生きる」女の肖像から始まっているのは実に意味深い。夫や愛人の力に頼らず、ひとりで自分のキャリアを築いてゆく新しい女のライフスタイルはシャネルと共に始まったのである。「身をもってこの新しい世紀を生きた」シャネルは、自分自身が必要とした、はたらく女のためのスタイルを創りだした。きちんと手が入るポケット、動きが楽なジャージー、活動的なショートカット、持って歩けるショルダーバッグ、いずれもシャネルによって初めてモードの舞台に登場したファッションである。

それだけではない。シャネルの革命はデザイナーの社会的地位にもおよんだ。それまでデザイナーや宝石商は社交人士に仕える御用商人であり、社交界の影にかくれた存在でしかなかった。けれどもココはどのモデルをもしのぐベストドレッサーとして時代の寵児《セレブ》となった。香水「シャネル・ナンバー5」の爆発的ヒットも手伝って、シャネルの名声は世界にはせた。ココ・シャネル。その名はきらびやかな夢のオーラをおびて、二〇世紀の空に輝いていた。田舎の小村に秘められた少女時代は、その闇ゆえになおさら憶測を呼んで口から口へと伝わった。シャネルの生涯は、文字どおり「伝説」となったのである。

シャネルの黄金時代は、パリのそれと響きあう。狂乱の時代《レ・ザネ・フォール》と呼ばれる一九二〇年代のパリは「芸術の都」としてまばゆい光を放ち、世界のアーチストたちを呼び集めた。ピカソをはじめモンマルトルに集まった若き画家たち、エリック・サティやプーランクなど、音楽界に新風を巻き起こした新進音楽家たち、コクトーを筆頭にラディゲやマックス・ジャコブなど、芸術バーで浮かれ騒いだ文学青年たち。なかでもこの狂乱の時代を飾ったニューウェイブの最大のものはディアギレフ率いるロシア・バレエであった。天才舞踏家ニジンスキーをスターにかかげ、ストラヴィンスキーを作曲家に従えて、ロシア・バレエは芸術からモードまで全パリを熱狂に巻きこんだ。ピカソからディアギレフまで、シャネルはこれらの若き芸術家たちの仲間となり、時にパトロンとなって支援をし、またある時は舞台衣装を担当してコラボレーションにも努めた。パリがもっとも輝いた日々に、ココは女王として君臨したのである。

その彼女の伝説を書きとどめた作家ポール・モランもまた、この二〇年代の寵児の一人である。シャネルに劣らず、彼もまた新世紀の児であった。シャネルより五歳ほど若く、一八八八年生まれのポールは、一九〇〇年パリ万博の植民地展のワンダーに目をみはり、世界一周を夢見た万博少年だった。少年の日の夢そのまま、二十代で外交官となった彼は、ロンドン、ニューヨーク、南米、アフリカ、アジアまで、「千以上のちがうベッド」に寝るコスモポリット作家となる。旅とスポーツを愛し、八十七歳までアルファロメオやメルセデスを駆った自動車マニアの作家は、

ロンドン駐在時代の外交官ポール・モラン。フランス大使館を出るところ。ヴェネチアとならんでロンドンはこのコスモポリット作家偏愛の地であった。©Bettmann/CORBIS

代表作『夜ひらく』の斬新な文体で一躍時の人となる。シャネルは、美しき良きパリを共に生きた作家を伝記作者に持つ幸運に恵まれたのだ。

だがこの二人は影の時代をも共有している。政治家というにはあまりにディレッタントだったモランは、第二次世界大戦勃発に際し、ヴィシー政権の外交官の任に就く。五年後のパリ解放の時、ド・ゴールは彼に罷免を通告した。それから十年以上の間、モランはジュネーブで亡命生活を余儀なくされる。

同じ頃、シャネルもまたスイスで事実上の亡命生活を強いられていた。大戦中、ドイツの将校を恋人にしていた事実を隠せなかったのである。八年にわたるスイス暮らしの間、二人の間に親交があった様子はないが、一九四六年の初め頃、シャネルが声をかけてサンモリッツのパレスホテルにモランを招待したことがあった。近年ガリマール社から出されたモラン晩年の『日記』にはその時の思い出が綴られている。シャネルの「私語り」はその折りの二人の邂逅の産物なのだ。

ときにシャネル六十三歳。モラン五十八歳。本書の「序」がありありと伝えているように、二人の話はおのずとあの輝かしい時代の思い出にむかったことだろう。この作品が、他のシャネル伝にはない、二〇年代パリの日々とその寵児たちの年代記になっている所以である。

それにしてもシャネルは良き相手を得たといわねばならない。作家モランは聞き上手であった。しかも、女の肖像を描く名手であった。『夜ひらく』から『恋のヨーロッパ』にいたるまで、モランの描く女は、鋭く、深く、魂と肉体をえぐられるような鮮烈な像を残す。シャネルというこの強烈な「声」の魂を描きだすのに、モランほどふさわしい書き手はなかったことだろう。

長きにわたる亡命生活を終えたモランはパリに復帰してほどなくアカデミー会員に立候補を試みるが、彼にとってそれは、全人生の失地回復の試みだったにちがいない。だがそれもド・ゴール派の反対にあい、ようやくアカデミー入りを果たしたのは八十歳の時だった。それから三年後の一九七一年、老作家はふとした偶然からシャネルのあの「聞き書き」草稿を見つけだす。編集者は飛びついたが、モランは刊行をしぶったらしい。当のシャネルは同年一月に故人となっていたが、登場人物の関係者はなお存命中である。先にあげた『日記』の七五年一〇月一三日には、こう記されている。「ベレスに出版したくないと言った。そんなことをするとパリは《ナンバー5》騒ぎだぞ、そんな昔のことにかかわるのはもうごめんだ!」シャネルの死後、伝説の「真相」をめぐってパリ中が耳をそばだてていた様子が伝わってくる。モランはその後も部数限定出版を考えるなど躊躇したあげく、ようやく一般公開を決意。刊行となったのは翌七六年、死の数カ月前のことだった。奇しくもシャネル伝はモランの最後の本となったのだ。

この間、伝記のヒロイン、シャネルはどうしていたのだろうか?

モランとの邂逅から七年後、彼女もまた五〇年代初めにパリに戻っていた。だが、彼女のパリ帰還は、復帰などという生やさしいものではなかった。十年あまりのブランクによって忘れられてしまったスタイルがふたたび華やかな流行《モード》のオーラを放つのは、奇蹟にもひとしい業である。しかもシャネルはすでに七十歳。

けれども、倦むことを知らないこの火の魂は、そこからふたたび人生の階段をのぼりつめてゆく。オーヴェルニュの火山のような、あの激しい怒りのエネルギーを燃やしつづけて。

五〇年代、戦争の爪痕を忘れて華やかな夢に酔いたがったパリは、ディオールの女らしいシルエットがニュー・ルックの名でもてはやされていた。そんななか、シャネルの禁欲的なスタイルは古ぼけたイメージでしかなく、復帰後初のコレクションにメディアは冷たかった。だが、一年のうちにアメリカから、そしてフランス国内からも評価の声があがりだし、やがてその声はしだいに大きく、確固としたものになってゆく。シャネルは不死鳥のようなカムバックを果たしたのである。七十歳をすぎて、たったひとりで。

――人生がわかるのは逆境の時よ。

幼い頃からひとりで運命に立ち向かってきた彼女はふたたび自分を信じ、自分に賭けたのだ。皆殺しの天使。ポール・モランはシャネルをそう呼んだ。この皆殺しの天使は、カムバックという信じがたい力業によって自分の伝説を不動のものにした。それから十七年間、八七歳で生涯を終える死の前日まで、シャネルはひとり働きつづけた。今日のシャネル・ブランドの繁栄は、彼女の伝説にすべてを負っている。

訳出にあたっては、Paul Morand, *L'Allure de Chanel*, Hermann, 1996〔二〇一七年版と同じテキスト〕を底本とした。カール・ラガーフェルドのイラスト入りで、一九七六年の初版が二十年ぶりに改訂新版なったものである。なお、本書には『獅子座の女シャネル』という邦題で既訳がある。原書にはない改行や段落あけをほどこした流暢な訳文を参考にさせていただいた。ただ、誤訳はすべての翻訳の避けえないところであるにしても、この既訳書には人名や地名など固有名詞の恣意的省略が多く、時にそれが行文にわたる箇所もあるので、新訳は原文に忠実な訳を心がけた。改行も段落もすべて原文どおりである。また固有名詞はできるかぎり注を付したが、同時代のパリを生きた二人の内輪話にも似た本書のこと、当時のコスモポリットな社交界・芸術界の消息通にしかわからないような人名や事象など、ついに解明できずに終わったものも残っている。識者のご教示を切に乞う次第である。

本書が出版にいたるまでには、中央公論新社編集部の登張正史さんの粘り強いご支援をいただいた。登張さんの熱意あるアシストがなければ本書の刊行は実現しなかったにちがいない。あわせて校正部スタッフにもひとかたならぬご助力をいただいた。記して感謝したい。また、ロシア語の表記については大学の同僚のロシア文学者、杉本一直氏のご協力を得、フランス語については同室のベアトリス清水さんに親しく教えを乞うた。貴重な時間を割いてくれた友の優しさに心から感謝したい。

解説

鹿島　茂

紙幣を飾る肖像にはその国が誇りとする偉人が起用される。フラン札もその「晩年」にはサン＝テグジュペリ（五〇フラン）、セザンヌ（一〇〇フラン）、エッフェル（二〇〇フラン）、キュリー夫妻（五〇〇フラン）など、なかなか新鮮な人材が登用されていた。しかし、二〇〇二年一月に紙幣がユーロに代わってからは、加盟国への配慮からか、人物の肖像画は省かれている。

だが、もしユーロ紙幣にも肖像画が必要だという議論になったなら、私は断固としてシャネルを推したい。女性の世紀になるであろう二十一世紀のユーロ紙幣の顔としてシャネル以外には考えられないからである。

では、その理由はと問われれば、私は「本書を読んでくれ」とだけ言おうと思う。それくらい、本書はシャネルという革命的な女性の本質をよく表している傑作なのである。

本書の特色の第一は、「師曰く」のかたちを取った「聞き書き」であることだろう。すなわち、孔子やイエスやマホメットなどが（記録に残すためではなく、弟子に言い聞かせるために）語っていることを弟子が師の許諾を得ることなく書き留めた『論語』や『新約聖書』や『コーラン』と共通しているのである。

これはかなり重要なことだ。というのも、シャネルはわかっているだけでも生涯に二度、作家（ルイーズ・ド・ヴィルモランとミシェル・デオン）を相手に自分の生涯について語り、それをもとに作家に自己語りの伝記を書かせようとしたのだが、二度とも上がってきた「自伝」の原稿が気に入らず、執筆料を払った上で原稿をボツにしているからだ。どうも、シャネルには、たとえ自分が語ったことであっても、それが活字となると、これを否定したくなる性癖があったようだ。だから、もし、シャネルがポール・モランのこの「聞き書き」に目を通していたら、没にしていた可能性は高いのである。

なにが言いたいのかといえば、それは、「師」が公開を意図せずに自由に「弟子」の前で語ったテーブル・トークであるがゆえに一層、「師」の思想をよく表しているということである。この意味で、『シャネル　人生を語る』は『論語』や『新約聖書』や『コーラン』に近い「奇跡の本」なのである。

しかし、『論語』や『新約聖書』や『コーラン』に類似しているのはこうした形式面だけではない。むしろ、その思想においてこそ類似性が高いのである。

第一は、巨大な転換期に現れた革命思想であること。それをよくあらわすのが次の言葉である。

「一九一四年以前の競馬場ときたら！　わたしは競馬に行きながら確信していたわ、わたしは今、贅沢さの死、一九世紀の喪に立会っているのだ、と。一つの時代が終わろうとしていた。素晴らしい時代ではあったが、（中略）ゴテゴテした飾りがからだを押しつぶしていた。（中略）豊かさが何の変哲もない浪費になりさがっていた」

では、シャネルがその喪に立ちあっていると信じた十九世紀というのはどのような時代だったのか？

「一九一四年は依然として一九〇〇年のままだった。そして、一九〇〇年は第二帝政のまま。（中略）どこの国、どの時代だろうとおかまいなしにインスピレーションを借りるのがロマンチックだと思いこんでいて、自分を正しく表現するすべを知らなかったのだ。美的な装いとは、正しい精神と真性な感情の外的表現以外の何ものでもないのに」

ちなみに、十九世紀は、十八世紀が「啓蒙の世紀」と呼ばれるのに対し、「ロマン主義の世紀」と呼ばれる。ならば、ロマン主義とはなにかといえば、それは新しいものはどこかの国かどこかの時代にあると信じてその探求の旅に出ることを指す。シャネルはこのロマン主義的な十九世紀をきっぱりと否定し、むしろ、「正しい精神と真性な感情」を基礎とする古典主義の立場に立つべきだとする。

では、古典主義とは何か？

古典主義とは、ロマン主義の反対で、この世には本当に新しいものなどどこにもない、新しいと思われるものはすべて古いもののアレンジメントにすぎないとする立場である。

この古典主義を受け継いだのがモダニズムで、モダニズムは、ロマン主義の装飾性を排して、機能性を置くと同時に、新しいものなどどこにもなく、すべてはアレンジメントにすぎないという古典主義をリバイバルしたものでもある。そのため、モダニズムは、あらゆるものを壊しては再構成するしかないという永久革命にいきつくことになる。

　こうした古典主義＝モダニズムに類する言葉は本書の至るところに見いだされる。

「もしもクチュリエの役目が時代の空気に漂っているものを素早くとらえることだとしたら、ほかの人間が同じことをして、わたしの真似をしても不思議ではないし、わたしのアイディアにインスピレーションを得てもおかしくないわ。わたしだってパリに散らばり漂っていたアイディアにインスピレーションを得たのだから」

「女はありとあらゆる色を考えるが、色の不在だけは考えが及ばない。黒はすべての色に勝るとわたしは言ってきた。白もそう。二つの色には絶対的な美しさがあり、完璧な調和がある。舞踏会で白か黒かを着せてごらんなさい。ほかの誰より人目をひくわ」

だが、「永久革命者」たるシャネルの神髄を一言で語ったのはなんといっても次の言葉だろう。

「いったいわたしはなぜこの職業に自分を賭けたのだろうか。わたしはなぜモードの革命家になったのだろうかと考えることがある。自分の好きなものをつくるためではなかった。何よりもまず、自分が嫌なものを流行遅れにするためだった。わたしは自分の才能を爆弾に使ったのだ。わたしには本質的な批評精神があり、批評眼がある。『わたしには確かな嫌悪感がある』とジュール・ルナールが言っていたあれね。目にするものすべてにうんざりさせられた。記憶を一新して、思い出すものをみな精神から一掃する必要があった。自分がこれまでにつくったものも、他人がつくっていたものも、いっそうの改良が必要だった。わたしは必要不可欠なこの仕事に使われた運命の道具だったのだ」

最後の言葉に注目しよう。なぜなら、シャネルに特有な「嫌なものを流行遅れにする」「批評精神」「批評眼」「嫌悪感」とは、じつは、シャネルをそのための「道具」として使おうとする「運命」すなわち「神」の意志のあらわれと考えるほかないからである。つまり、「批評精神」「批評眼」「嫌悪感」はシャネルのものではなく、「運命」という「神」がシャネルという「道具」を用いて自らの意志をあらわしたものにほかならない以上、「他人がつくっていたもの」ばかりかシャネル自身が「これまでにつくったもの」までもアッというまに「流行遅れにする」のを本質とするのである。

このように理解すると、モードに関するシャネルの数々のマクシム（箴言）をより正しく味わうことができるようになるのである。


「モードはチャンスと同じく、時の女神の髪をつかまえなければならない」

「モードは街に漂っている。それをキャッチして、わたしなりに表現にもたらす。そうして初めてモードが存在していたことがわかる。モードは風景のようなもの、一つの気分、つまりわたしの魂の状態なのよ」

「モードは時間のなかで意味を持つが、場所とはかかわりがない」

「モードは死ななければならない。ビジネスのためには早く死ぬ方がいい」

「モードははかなければはかないほど完璧なのだ」

「既製服がモードを殺すとはよく言われることだが、モードは殺されることを望んでいるのだ。モードはそのためにこそつくられるのだから」

「この服は売るわけにはゆかない。わたしのものになりきっていないから」

「わたしは自分のつくった服しか好きではないし、わたしがつくるのはわたしが忘れるからだ」

解説と称しながら、引用ばかりになって申し訳ないが、それは、『論語』『新約聖書』『コーラン』に等しい本書の本質による。

ことほどさように、シャネルを解説することは不可能であり、可能なのは漂っているシャネルの言葉をキャッチし、書き留めることのみである。

しかし、それにしても、それにしても、シャネルのマクシムはラ・ロシュフーコーのそれのようになんと格好いいのだろう。

最後になったが、こんな素晴らしい訳文を残してくれた、親しい友人でもあった故・山田登世子さんにあらためて感謝の言葉を捧げたい。

シャネル略年譜

西暦	年齢	関係事項	世界
一八八三		8月19日、オーベルニュ地方ソーミュールに生まれる。	ダイムラー、ガソリンエンジン開発へ
一八九五	12歳	母死亡。オーバジーヌの修道院に入る。	リュミエール兄弟、シネマトグラフ上映
一九〇〇	17歳	妹と共にムーランの寄宿舎へ。	パリ万博メトロ開通第2回オリンピック
一九〇三	20歳	エチエンヌ・バルサンと出会う。ポワレ、メゾン開店。	第1回トゥール・ド・フランス
一九〇八	25歳	パリ、マルゼルブ通り160番地に帽子店を開く。	アメリカでT型フォード発売
一九〇九	26歳	アーサー・カペルと出会う。ロシアバレエ団パリ初公演。	
一九一〇	27歳	カンボン通り21番地に帽子店を開く。	『ヴォーグ』隔週刊に
一九一三	30歳	ドーヴィルに出店。	プルースト『失われた時を求めて』
一九一五	32歳	ジャージーを生地に使いはじめる。	アインシュタイン、相対性理論
一九一六	33歳	ビアリッツに出店。『ハーパース・バザー』、初めてシャネルの服を掲載。	
一九一七	34歳	ミシア・セールと出会う。	ロシア革命
一九一九	36歳	カンボン通り31番地へと店を移す。アーサー・カペル自動車事故死。	ヴェルサイユ条約調印
一九二〇	37歳	セール夫妻とイタリア旅行。ディアギレフと知り合う。 ドミトリイ大公と出会う。	コレット『シェリ』 全米で働く女性が850万人へ
一九二一	38歳	フォブール・サン＝トノレ29番地に転居。香水No.5発売。 ポール・モランと知り合う。	芸術バー「屋根の上の牡牛」開店
一九二二	39歳	コクトー「アンチゴーネ」の衣装担当、舞台装置はピカソ。 香水No.22発売。	『ギャルソンヌ』ベストセラー小説に
一九二三	40歳	ウェストミンスターと出会う。	ラディゲ『肉体の悪魔』
一九二四	41歳	香水会社設立。オペラ風バレエ「青列車」の衣装担当。	ブルトン『シュルレアリスム宣言』

シャネル略年譜

一九二五	42歳	パリ国際アール・デコ展に出品。	ジョゼフィン・ベーカーのダンス大ヒット
一九二六	43歳	『ヴォーグ』、リトルブラックドレスを掲載。	フィラデルフィア万博
一九二八	45歳	ツィードのスーツを発表。南仏に別荘ラ・ポーザ荘。	
一九二九	46歳	ショルダーバッグ考案。ディアギレフ没。	世界大恐慌
一九三一	48歳	ハリウッドに招かれて映画スターの衣装を作成。 ポール・イリブと出会う。	パリ植民地万博
一九三二	49歳	サン＝トノレの自宅でダイヤモンド・ジュエリー展。	ナチス第一党へ
一九三四	51歳	ホテル・リッツに居を移す。	ヒトラー、ドイツ総統へ
一九三五	52歳	イリブ、南仏の別荘で急死。	ブリュッセル万博
一九三六	53歳	シャネル店、ストライキに突入。	人民戦線内閣
一九三七	54歳	コクトーの舞台劇「オイディプス」の衣装作成。	パリ万博
一九三九	56歳	従業員を解雇し、アクセサリーと香水部門を残して店を閉じる。 ドイツ人将校ディンクラージと知り合う。	サンフランシスコ／ニューヨーク万博 第二次世界大戦勃発
一九四四	61歳	対独協力の疑いで尋問をうけるが、すぐに釈放。	パリ解放
一九四五	62歳	スイスに移住。	第二次世界大戦終結
一九四六	63歳	サンモリッツのホテルにモランを招く。	
一九四七	64歳	香水会社にかんしてヴェルメール兄弟と新契約を結ぶ。	ディオール、ニュー・ルック
一九五三	70歳	復帰を決意してパリにもどる。	サルトル、実存主義
一九五四	71歳	復帰後第一回コレクション。『ライフ』3月号シャネル特集。	アルジェリア戦争
一九五五	72歳	マトラッセのショルダーバッグを発売。	
一九五八	75歳	オートクチュール協会を脱会。	ド・ゴール内閣　ブリュッセル万博
一九七〇	87歳	香水No.19発売。	大阪万博
一九七一	87歳	1月10日、リッツにて急逝。マドレーヌ寺院にて葬儀。 スイス・ローザンヌの墓地に埋葬。	

ナ 行

ナタンソン，タデ　94, 124, 129
ニジンスキー，ヴァーツラフ　111, 113, 116, 118, 119, 236
ノアイユ，アンナ・ド　159, 163, 189

ハ 行

パヴロヴァ，アンナ　116, 120
パキャン，ジャンヌ　9, 15
バタイユ，アンリ　194, 208
パトゥ，ジャン　106, 109
バトリ，ジャン　146, 148
パリッシー，ベルナール
バルザック，オノレ・ド　112, 113, 143, 166, 191
バルサン，エチエンヌ　34, 37, 38, 39
ハルス，フランス　221, 224
パルミジャニーノ，フランチェスコ・マリア・マッツォーラ　78, 83
ピカソ，パブロ　8, 14, 36, 81, 86, 89, 112, 115, 131〜135, 156, 172, 174, 236
ファリャ，マヌエル・デ　112, 119
ファルグ，レオン＝ポール　146, 148
ブールジェ，ポール　194, 207
フェヴリエ，ジャック　126, 130
フォール，フェリックス　129, 174
フォラン，ジャン＝ルイ　136〜139, 140
ブスケ，マリー＝ルイーズ　158, 163
ブノワ，アレクサンドル　113, 119
ブラック，ジョルジュ　7, 14
ブリアン，アリスティード　100, 146, 148
プルースト，マルセル　96, 108, 120, 122, 128, 129, 130, 177, 180
ブロワ，レオン　177, 182
ベラール，クリスチャン　65, 74, 158, 162
ベラン，ジャン　200, 208
ベルトロー，フィリップ　7, 14, 146, 163
ベルンステン，アンリ　66, 75, 124
ボーモン，エチエンヌ・ド　109, 114, 115, 120
ボナール，ピエル　86, 94, 129
ボルトラッフィオ，ジョバンニ・アントーニオ　79, 83
ボルラン，ジャン　115, 120
ポワレ，ポール　61, 67, 74, 154, 157, 182, 212
ポワンカレ，レイモン　100, 109, 146

マ 行

マシーン，レオニード　115, 116, 120
マドラゾ，フレデリック・ド　126, 130
マン・レイ（エマニュエル・ラドニツキー）　156, 163
ミュラ大公妃　123, 129
ミルラン，アレクサンドル　146, 148
メッシナ，アントネロ・ダ　79, 83
モーリヤック，フランソワ　114, 119
モラン，エレーヌ　101, 109
モラン，ポール　13, 14, 48, 109, 119〜121, 146, 163
モリヌー，エドワード　102, 109, 206
モロー，ギュスターヴ　61, 74
モロー，リュク＝アルベール　7, 14

ヤ 行

ユヴェナリス（ユベナル），ユベナル　160, 163
ユゴー，ジャン　7, 13

ラ 行

ラインハルト，マックス　110, 118
ラヴァル，ピエール　89, 95
ラディゲ，レーモン　8, 14, 120, 236
ラビッシュ，ウージェーヌ　131, 134
ラミューズ，シャルル＝フェルディナン　117, 121
（マダム）ランヴァン，ジャンヌ　11, 16, 170
リファール，セルジュ　7, 86, 116〜118, 120
リプシッツ，ジャック　7, 14
リポン夫人　82, 83
リムスキー＝コルサコフ，ニコライ・アンドレエヴィチ　61, 74, 112, 119, 176
ルヴェルディ，ピエール　8, 15, 134
ルテリエ，マルト　104, 109
ルナール，ジュール　201, 208, 246
ルノワール，ピエール＝オーギュスト　86, 94
ルロン，ルシアン　102, 109
ロートレック（トゥルーズ＝ロートレック，アンリ・ド）　86, 94
六人組　7, 13, 14, 115, 146, 148
ロスタン，エドモン　56, 74
ロンサール，ピエール・ド　200, 208
ロンスデール，フレデリック　213, 220, 224

人物名索引

当該人物の注釈がある頁は太字で示す。

ア　行

アース，シャルル　124, **130**
アーン，レーナルド　126, **130**
アノー夫人　24, **33**
アポリネール，ギヨーム　15, 134, **134**, 135
アルヘンティーナ　116, **120**
アンセルメ，アーネスト　173, 174, **176**
アンリヨ，エミール　113, **119**
イリブ，ポール　149〜153, **154**
ヴェロネーゼ，パオロ　78, **83**
ヴォードワイエ，ジャン＝ルイ　113, **119**
ウォルト，シャルル・フレデリック　9, **15**
ウッチェロ，パオロ　78, **83**
ヴュイヤール，エドゥアール　86, 89, **94**, 129
エドモン公妃（ヴィナレッタ・シンガー）　116, **120**

カ　行

カペル（ボーイ），アーサー　7, 40〜45, 47, **48**, 50〜54, 65, 68〜71, 76, 147, 174, 191
カラッチ，アニバル　79, **83**
キャロル，マドレーヌ　230, **233**
キュナード，モード　116, **120**
グリス，フアン　134, **135**
グレフュール夫人　128, **130**
クレマンソー，ジョルジュ　41, **48**, 70, 100, 146
クロワッセ，フランシス・ド　122, 128, **129**
コクトー，ジャン　8, 13, 14, 65, **74**, 80, 81, 85, 103, 111, 113, 114, 120, 133, 134, 146〜148, 163, 189, 236
コフノ，ボリス　117, **121**
コレット，シドニー・ガブリエル　9, **15**, 72, 189, 190
ゴンクール（兄弟）　200, **208**

サ　行

サヴォワール，アルフレッド　124, **129**
サッスーン，フィリップ　82, **83**
サティ，エリック　7, 8, 13, **14**
サンシモン公爵　122, **129**, 212
サンドラール，ブレーズ　8, **15**
シェニエ，アンドレ　200, **208**
シュヴィニエ，アデオーム・ド　122〜125, 127, **128**
シュミット，フローラン　112, **119**
ジロドゥ，ジャン　14, 103, 113, **119**
スキャパレリ，エルザ　156, **163**
スゴンザック，アンドレ　7, **14**, 146
スタンディシュ夫人　128, **130**
ストラヴィンスキー，イーゴリ・フョードロヴィッチ　36, 86, 95, 112, 117, 118, 121, 146, 172〜176, 236
スピア，エドワード・ルイス　70, **75**
セヴィニェ夫人，マリー・ド・ラビュタ＝シャンタル　8, **15**
セール（セルト），ホセ・マリア　76, **82**, 94
セール，ミシア（ゴブデスカ）　7, 8, **12**, 14, 76〜82, 84〜94, 110, 113, 117, 118, 124, 126, 129, 132, 142, 143, 148, 172〜176, 185, 220
セシル・ソレル（セリーヌ，セール）　142, **144**

タ　行

ダランソン，エミリエンヌ　37, **39**
ダンカン，イサドラ　115, **120**
チャーチル，ランドルフ　219, 220, **224**
ディアギレフ，セルゲイ　86, 110〜118, **118**, 119〜121, 134, 173, 175, 176, 236
ティントレット（ジャコポ・コミン）　79, **83**
デミル，セシル・B　152, **154**
デューラー，アルブレヒト　79, **83**
デュカス，ポール　112, **119**
デュ・ボス，シャルル　156, **163**
デルランジェ，カトリーヌ　117, **121**, 143
ド・クインシー，トマス　80, **83**
ドゥーセ，ジャック　11, **15**
ドミトリイ大公　174, **176**, 210
ドラン，アンドレ　112, **119**
トルヴァルセン，ベルテル　217, **224**

著　者
ポール・モラン（Paul Morand）

1888–1976　パリ生まれ、フランスの作家。20代の若さで外交官となり、世界各地を旅して、小説から評論までコスモポリットな作品を残した。1922年にだした小説『夜ひらく』で一躍文壇にデビューし、ダンディな風姿で20年代パリ社交界の寵児となった。この頃コクトーたちをとおしてシャネルと知り合う。第二次大戦の折りにヴィシー政権の外交官を務め、パリ解放とともに国外追放の身となってスイスに長く滞在。このときシャネルと再会して聞き書きスタイルのシャネル伝をのこす。ド・ゴールの引退とともにパリに復帰、1968年、アカデミー会員となる。

訳　者
山田登世子（やまだ・とよこ）

福岡県生まれ。フランス文学者。愛知淑徳大学名誉教授。ファッション、ブランド、メディア、リゾートなど、近代フランス文化史をベースにした著書多数。いろいろな本のなかでシャネルを語る。パリを舞台にした恋愛小説も書いた。主な著書に『モードの帝国』（ちくま学芸文庫）、『ブランドの世紀』（マガジンハウス）、『ブランドの条件』（岩波新書）、『晶子とシャネル』（勁草書房）、小説『恍惚』（文藝春秋）など。主な訳書に、バルザック『従妹ベット』（藤原書店）、セルトー『文化の政治学』（岩波書店）ほか。2016年没。

装幀　中央公論新社デザイン室

本書は2007年に小社より刊行した訳しおろし文庫『シャネル――人生を語る』に人物名索引と鹿島茂 氏により解説を付して単行本化した。

シャネル
——人生《じんせい》を語《かた》る

2024年 6 月10日　初版発行

著　者　ポール・モラン
訳　者　山田登世子《やまだとよこ》
発行者　安 部 順 一
発行所　中央公論新社
〒100-8152　東京都千代田区大手町1-7-1
電話　販売 03-5299-1730　編集 03-5299-1740
URL　https://www.chuko.co.jp/

DTP　今井明子
印　刷　大日本印刷
製　本　小泉製本

Published by CHUOKORON-SHINSHA, INC.
Printed in Japan　ISBN978-4-12-005791-5　C0023

定価はカバーに表示してあります。
落丁本・乱丁本はお手数ですが小社販売部宛にお送りください。
送料小社負担にてお取り替えいたします。

各書目の下段の数字はISBNコードです。978-4-12が省略してあります。

中公文庫既刊より

か-56-1
パリ時間旅行
鹿島　茂
オスマン改造以前、19世紀パリの原風景へと誘うエッセイ集。ボードレール、プルーストの時代のパリが鮮やかに甦る。図版多数収載。〈解説〉小川洋子
203459-4

か-56-10
パリの秘密
鹿島　茂
エッフェル塔、モンマルトルの丘から名もなき通りの片隅まで……時を経てなお、パリに満ちる秘密の香り。夢の名残を追って現代と過去を行き来する、瀟洒なエッセイ集。
205297-0

か-56-15
パリのパサージュ　過ぎ去った夢の痕跡
鹿島　茂
パサージュは、パリの通りと通りを繋ぐガラス天井のアーケード街。十九世紀の賑わいを今に伝えるパサージュで辿る新しいパリガイド。〈写真〉鹿島　直
207065-3

か-56-3
パリ・世紀末パノラマ館　エッフェル塔からチョコレートまで
鹿島　茂
19世紀末、先進、躍動、享楽、芸術、退廃が渦巻く幻想都市パリ。その風俗・事象の変遷を遍く紹介する魅惑の時間旅行。図版多数。〈解説〉竹宮惠子
203758-8

か-56-9
文学的パリガイド
鹿島　茂
24の観光地と24人の文学者を結ぶことで、パリの文学的トポグラフィが浮かび上がる。新しいパリが見つかる、鹿島流パリの歩き方。〈解説〉雨宮塔子
205182-9

チ-2-1
第二次大戦回顧録　抄
チャーチル
毎日新聞社　編訳
ノーベル文学賞に輝くチャーチル畢生の大著のエッセンスをこの一冊に凝縮。連合国最高首脳が自ら綴った、第二次世界大戦の真実。〈解説〉田原総一朗
203864-6

ロ-5-1
ロブション自伝
J・ロブション
伊藤　文　訳
世界一のシェフが偏食の少年時代、怒濤の修業、三つ星を負った苦悩、日本への思い、フリーメイソン、引退・復活の真相を告白。最新インタビュー付。
204999-4